Deutschland ist ungerecht

All denen gewidmet, die in Deutschland in Ungerechtigkeit leben müssen.

Denen, die 40 Jahre jeden Tag gearbeitet haben und im Alter dennoch Flaschen sammeln müssen.

Denen, die 40 Jahre gearbeitet haben und dann nach etwas mehr als einem Jahr aus dem Arbeitslosengeld ausgesteuert werden.

Denen, die erwerbsunfähig sind, die der Beruf krank gemacht hat, aber von der Rentenversicherung für gesund „begutachtet" werden.

Denen, die für einen Chef gearbeitet haben, der jetzt auf einer weißen Yacht im Mittelmeer schaukelt, während sie nicht wissen, wovon sie den Rest des Monats Lebensmittel kaufen sollen.

Thomas Dörken / Roman Schneider

Deutschland ist UNGERECHT

66 Hausaufgaben für die GROKO

Bibliografische Information der Deutschen Nationalbibliothek:
Die Deutsche Nationalbibliothek verzeichnet diese Publikation in der Deutschen Nationalbibliografie; detaillierte bibliografische Daten sind im Internet über http://dnb.dnb.de abrufbar.

Illustration: cc0 pixabay

Herstellung und Verlag: BoD – Books on Demand, Norderstedt

ISBN: 978-3-7526-1063-5

Inhaltsverzeichnis

Deutschland ist ungerecht

Deutschland ist ein tolles Land. Die Straßen sind zumeist sauber und beleuchtet. Es gibt eine gesetzliche Krankenkasse. Wer krank ist, kann zum Arzt gehen und es wird bezahlt. Die meisten Leute haben Arbeit und die, die keine haben, haben Anspruch auf Gelder aus diversen Töpfen: Von Krankengeld über Hartz4 bis zur Sozialhilfe. Alles ist wunderbar oder zumindest fast. Oder doch nicht?

Lügen wir uns da nicht vielleicht selbst in die Tasche? Oder lügen sich nur die in die Tasche, denen es gut geht? Glauben wir, dass hier alles gut ist, nur weil es woanders noch schlechter ist? Nur weil in San Franzisko oder Tokyo noch mehr Obdachlose auf Heizungsschächten schlafen oder, weil man in USA mit gebrochenem Arm im Krankenhaus erst behandelt wird, wenn man die Kreditkarte vorlegen kann? Wir haben an zahlreichen Lebenssituationen einmal beleuchtet, wie gerecht oder ungerecht es in Deutschland zugeht.

Nach Lektüre des Buches vermag jeder selbst zu beurteilen, ob Deutschland gerecht oder ungerecht ist. Wir kommen zum Schluss: **Es ist ungerecht.**

Auch dann, wenn es in vielen Ländern der Welt in einigen Bereichen ungerechter ist. Das darf aber nicht darüber hinwegtäuschen, dass es in einigen Ländern der Welt auch deutlich gerechter zugeht.

Schon im Jahr 2008, mehr als 10 Jahre zurück, empfanden viele in Deutschland das System als ungerecht, und zwar:

- 82% das Steuersystem
- 81% die Einkommensverteilung
- 73% das Rentensystem
- 73% das Gesundheitssystem
- 65% die Behandlung von Familien

Außer kleinen eher kosmetischen Korrekturen hat die Politik nichts Wesentliches geändert. Gerade in obigen Bereichen treten immer noch zahlreiche Ungerechtigkeiten auf oder Ungerechtigkeit ist sogar die Basis des Systems. Wir machen dies im Folgenden an zahlreichen Beispielen fest, die auf den Zeitraum 2018/2019 zutreffen.

1. Selbstständige essen auf Steuerzahlerkosten

Haben Sie es gewusst? Während Otto Normalverbraucher, der angestellt ist, sein Essen selbst bezahlen muss, können Selbstständige den Staat an den Kosten einer Mahlzeit beteiligen, z.b. wenn sie mittags im Restaurant essen gehen.

Selbstständige machen aus einem Mittagessen im Restaurant einfach ein sogenanntes Geschäftsessen und verlangen anschließend vom Gastwirt einen sogenannten Bewirtungsbeleg. In der Folge können Selbstständige 70% der Kosten als Betriebsausgabe absetzen, zudem können Sie die gesamte Vorsteuer (Umsatzsteuer), die in der Rechnung enthalten ist, bei der nächsten Umsatzsteuererklärung von der abzuführenden Umsatzsteuer abziehen. Wenn Selbstständige essen gehen, sparen sie also gleich doppelt. Zur betrieblichen Veranlassung reicht es aus, wenn sie mit jemanden Essen gehen, mit dem auch Geschäfte macht oder aber mit jemandem, mit dem gerne Geschäfte machen möchte. Auf den Bewirtungsbeleg schreibt man dann den Namen der Geschäftspartner (die im Regelfall kein Finanzamt kontrolliert), den Anlass, das Datum und den Betrag, unterschreibt und schwuppdiwupp hat man das Finanzamt am Essen beteiligt. Geht der Angestellte im Restaurant essen, kann er dies nicht von der Steuer absetzen.

Hat der Selbstständige z.b. seine Frau im Betrieb angestellt und geht mit ihr essen, handelt es sich übrigens um in voller Höhe abziehbare Betriebsausgaben, - zu 100% betrieblich abziehbar. Die Ehefrau muss dann lediglich ggf. einen Sachbezugswert im einstelligen Eurobereich als geldwerten Vorteil versteuern, was sich aber bei teuren Restaurantrechnungen auf jeden Fall lohnen dürfte, da der Sachbezugswert eine von der tatsächlichen Rechnungshöhe unabhängige Konstante ist, die sehr niedrig liegt (z.B. 2017: 3,17 Euro für eine Hauptmahlzeit).

Wir finden: **DAS IST UNGERECHT**

Selbstständige können Restaurant-Rechnungen über Essen und Getränke von der Steuer absetzen. Das Finanzamt beteiligt sich an der Rechnung. Ein Unternehmer-Freundeskreis kann sich so ständig gegenseitig auf Finanzamtskosten einladen. Arbeitnehmer müssen „Essen gehen" selber bezahlen.

2. Kalt für den Unternehmer, warm für den Geflüchteten

Wer als Unternehmer für sein Unternehmen, z.b. eine GmbH Insolvenz anmelden muss, weil die Geschäfte schlecht laufen, ein großer Kunde nicht bezahlt hat, die Rohstoffpreise davon gelaufen sind oder warum auch immer, steht immer in Gefahr, in Untersuchungshaft genommen zu werden, weil er die Insolvenz ja auch geplant haben könnte, diese zu spät angemeldet haben könnte und/oder so das Geld von Gläubigern gefährdet haben könnte. Diese Gefahr ist in der Tat nicht nur theoretischer Natur, sondern auch in der Praxis so. Jedes Jahr geht eine zwei- bis dreistellige Anzahl an Unternehmen in Untersuchungshaft, weil bei einer Insolvenz seitens des Amtsgerichts, wo diese angemeldet werden muss, immer auch die Staatsanwaltschaft informiert wird, um zu verhindern, dass Unternehmer auf Gläubigerkosten Gelder auf die Malediven schaffen.

Zumeist erledigt sich dieser Verdacht nach ein paar Wochen oder Monaten von selbst und der Unternehmer wird – ggf. gegen Auflagen – aus der U-Haft entlassen. Doch wie ist es eigentlich in der Zwischenzeit für den Unternehmer in der U-Haft? Während Großteile der Bevölkerung den Glauben haben, ein Gefängnis sei ein Hotel mit Vollpension und Flachbildschirm, so sieht die Realität anders aus:

In der Regel geht es jedem Geflüchteten und auch denen, die nur angeben, geflüchtet zu sein, im Asylantenheim besser als einem Unternehmer in der Untersuchungshaft:

Während der Flüchtling zumeist 12qm sein eigen nennen darf, fließend warmes und kaltes Wasser hat und warm und kalt duschen kann, wie oft er möchte, sowie seine Kleidung in einer Waschmaschine waschen kann, so oft er will, geht es dem Unternehmer in U-Haft, über den wohlgemerkt noch gar kein Urteil ergangen ist, der damit als unschuldig gilt, wesentlich schlechter.

In der U-Haft gibt es in der Regel:

- Nur eiskaltes Wasser auf der Zelle, womit er sich waschen darf.
- Duschen wird zumeist allenfalls 5 Minuten am Tag erlaubt, wenn überhaupt. Manchmal auch mehrere Tage nicht.
- Einen Fernseher gibt es standardmäßig in den meisten U-Haft-Zellen übrigens auch nicht, - diesen kann man sich allenfalls über einen Leihservice im Gefängnis leihen, was aber auch gerne schon mal mehr als eine Woche Bearbeitungszeit dauern kann.

Wir können verstehen, dass eine Haftstrafe nach einem Urteil kein Zuckerschlecken sein soll und dort auch einmal kaltes Wasser angebracht sein kann. Es soll ja eine Strafe sein. Untersuchungshaft trifft aber Menschen, die noch gar nicht verurteilt sind. Häufig kommt es nach der Untersuchungshaft auch gar nicht zu einer Haftstrafe, weil sich die Vorwürfe als haltlos erweisen.
Wir können daher nicht einsehen, warum ein bislang unbescholtener Bürger, der z.b. nach einer Insolvenzanmeldung in Untersuchungshaft genommen wird, es dort schlechter haben soll, als jemand, der aus einem Dritte-Welt-Land kommt, noch nie hier Steuern gezahlt hat, und anschließend im Asylantenheim so lange warm und kalt duschen kann, wie er möchte. Uns liegt der Fall eines deutschen Unternehmers vor, der nach Insolvenzanmeldung in U-Haft kam und dort erst nach ca. 2 Wochen überhaupt erst Duschgel bekommen hat. In der Zelle gab es nur kaltes Wasser. Als Duschzeit für eine ganze Gefängnis-Etage waren 60 Minuten vorgesehen, was noch nicht einmal 5 Minuten pro Person bedeutet hätte. Allerdings nicht jeden Tag. Wir finden: **DAS IST UNGERECHT** und verstößt gegen die Menschenwürde.

Während Untersuchungshäftlinge nur kaltes Wasser in der Zelle haben, duscht der Migrant solange er möchte, warm. Bei nicht nachgewiesener Strafe zumindest überdenkenswert.

Lösungsvorschlag:

Die Länder sollten nach und nach zumindest die Zellen für die Untersuchungshäftlinge mit warmem und kaltem Wasser ausstatten. Nur kaltes Wasser erinnert an das Mittelalter. Was wir Flüchtlingen aus Afrika gönnen, sollten wir auch Untersuchungshäftlingen zugestehen. Nur Brot und kaltes Wasser gehören auch im Gefängnis eher ins Mittelalter. Man muss dort keine Sterneküche bieten, aber warmes Wasser sollte selbstverständlich sein.

3. Gastronomen haben regelmäßig Schwarzeinnahmen

Die Trainingskasse in der Gastronomie wird langsam zur Standardausrüstung. Eine Trainingskasse ist nur eine Methode, wie Gastronomen am Finanzamt vorbei Einnahmen verbuchen. Speist der Gast am Tisch, werden die Einnahmen in einer Trainingskasse verbucht oder auf einem Trainingskonto in der regulären Kasse, sodass der Verzehr erfasst wird und am Ende des Essens auch ein Gesamtbon erstellt werden kann. Besteht der Kunde anschließend nicht auf einem Bewirtungsbeleg, werden diese Buchungen wieder gelöscht und für das Finanzamt waren die Gäste niemals da. Die 100 Euro für die vier Essen kann sich der Gastwirt dann so in die Tasche stecken, abzüglich seines Wareneinsatzes. Einige Gastwirte erfassen Speisen auch gar nicht in Kassen, sondern auf Notizblöcken oder haben gar zwei Kassen, eine fürs Finanzamt und eine, bei der abends immer alles gelöscht wird. Bei der dünnen Personaldecke beim Finanzamt fällt dies häufig über Jahre nicht auf. Genauso wenig wie die Beschäftigten, die häufig nur für ein paar Stunden angemeldet sind, tatsächlich aber viel mehr arbeiten und den Rest schwarz kassieren – aus den Schwarzeinnahmen des Wirtes. Immer wieder kommen vereinzelt Fälle ans Tageslicht, wo der Zoll oder das Finanzamt dann doch mal genauer hinschauen und teilweise sechsstellige Sozialversicherungsbeiträge nachentrichtet werden müssen. Gastronomen kaufen zahlreiche Lebensmittel für den Betrieb ein und i.d.R. fällt es nicht auf, wenn davon ein Teil zum privaten Kochen und Verzehr entnommen wird. Der Anteil, den Gastronomen dort versteuern, ist häufig deutlich kleiner als der tatsächlich privat entnommene. Gastronomen mit Brauereibindung kaufen gerne auch einmal Cola-, Wasser oder Bierflaschen im Supermarkt ein, die dann ebenso schwarz verkauft werden und weder als Einnahme noch als Ausgabe in der Buchführung auftauchen und auch nicht der Umsatzprovisionsberechnung der Brauerei unterworfen werden.

Wer sich immer schon gefragt hat, warum so mancher Gastronom so ein großes Auto fährt, kann sich dies nun vielleicht besser erklären. Betriebsprüfer und der Zoll finden – wenn sie denn kommen – in der Gastronomie häufig Ansatzpunkte für Nachversteuerungen. Aber sie kommen viel zu selten. In Italien muss jeder Gastwirt den Umsatz sofort bongen und der speisende Kunde muss nach dem Restaurantbesuch in einem bestimmten Abstand vom Restaurant noch den Beleg mit sich führen. Hiervon träumen deutsche Finanzämter wohl noch lange. Wir finden, **das ist UNGERECHT**. Der deutsche Michel, der als Angestellter in einem Büro arbeitet, kann auch nicht einen Teil seines Gehalts vorm Finanzamt verstecken.

Trotz Bonpflicht läuft in der Gastronomie nicht jeder Umsatz durch die Kasse – von Biergärten oder Weihnachtsmärkten mal ganz abgesehen.

Lösungsvorschlag:

In der Gastronomie reicht eine Bonpflicht allein nicht aus. Der Restaurantbesucher muss zwanghaft einen Beleg mitbekommen, den er auch im Umkreis von 100m um das Restaurant dabeihaben muss. Zeitgleich müssen die Kontrollen, auch verdeckte, intensiviert werden. Notfalls muss man sich in Italien dazu Nachhilfe geben lassen.

4. Schlechte Lehrer sind Beamte

Warum sind immer noch viel zu viele Beschäftigte in Deutschland BEAMTE und bleiben es auch bei Schlechtleistung? Bei Polizisten und Richtern kann man die Verbeamtung vielleicht noch nachvollziehen, doch warum werden immer noch große Teile der Lehrerschaft verbeamtet? Warum müssen Architekten in Bauämtern etc. verbeamtet werden? Es gibt schlichtweg keinen Grund dafür. Immer wieder hört man von Lehrern, die nicht in der Lage sind, den Kindern den Stoff anständig zu vermitteln oder gar politische Einstellungen vermitteln wollen, deren Übereinstimmung mit rechtsstaatlichen Gedanken mindestens fragwürdig ist. Warum werden solche Menschen verbeamtet?

80% der Lehrer in Deutschland sind verbeamtet. Ein schöner Job – 12 Wochen Schulferien im Jahr und oft nur halbtags Unterricht in der Schule. Lehrer argumentieren, dass unterrichtsfreie Zeit nicht unbedingt arbeitsfreie Zeit ist und man natürlich haufenweise Klassenarbeiten kontrollieren müsse und überdies auch den Unterricht vorbereiten muss. Mag ja alles stimmen, aber warum muss man dafür verbeamtet werden? Nur, weil Lehrer damit auf das Streikrecht verzichten? In Thüringen und Berlin werden Lehrer häufig nicht mehr verbeamtet. Warum geht das in den anderen Bundesländern nicht auch?

Das Beamtentum kommt aus dem Altertum, als die Beamten den jeweiligen Herrschern noch unbedingte Treue geschworen haben und im Gegenzug der Herrscher versprach, sich lebenslang um sie zu sorgen. Im Mittelalter haben Fürsten Verwaltungsaufgaben an Beamte vergeben und die preußischen Könige haben ebenso Beamte für Verwaltungsaufgaben eingesetzt? Aber müssen wir im 21.Jahrhundert noch mit den Methoden des Mittelalters und der Preußen-Könige arbeiten? Wir fahren ja auch nicht mehr mit der Postkutsche. Die Alliierten schafften nach dem 2.Weltkrieg das Beamtentum zunächst sogar ab, doch mit der

Schaffung des Grundgesetzes wurde es dann schnell wieder in Gang gesetzt.

Heute verdient ein Lehrer, wenn er nach dem Studium anfängt, häufig bereits 3600 Euro im Monat, ist schnell unkündbar und kommt mit der Beihilferegelung auf eine angenehme privatärztliche Versorgung. Weil Beamte nicht arbeitslos werden können, wird von der Vergütung natürlich auch kein Abzug für die Arbeitslosenversicherung vorgenommen. Wir fassen zusammen: Verbeamtete Lehrer verdienen deutlich mehr als in der freien Wirtschaft, sind dafür unkündbar und erhalten nach dem Berufsleben auch noch deutlich mehr Altersbezüge. Und können – von beruflichem Stress abgesehen – seelenruhig schlafen, weil die Gefahr, entlassen zu werden, gegen Null geht.

Wir finden, es ist nicht mehr zeitgemäß, Lehrer und andere Staats- oder Landesangestellte (mit wenigen Ausnahmen) lebenslang zu verbeamten und sie weiter zu beschäftigen, auch wenn die Leistung enttäuschend wird. In der freien Wirtschaft fliegen solche Leute dann auch – nach Abmahnung raus. Bei den Beamten werden sie häufig auch noch wegbefördert und kurz vor der Pensionierung nochmal befördert, damit die Ruhebezüge, die sich nach dem letzten Verdienst bemessen, möglichst hoch ausfallen.

Das Gehalt der deutschen verbeamteten Lehrer ist überdies auch im europäischen Vergleich hoch. Hier einmal die gerundeten Durchschnittsgehälter p.a. von Lehrern in der Sekundarstufe 1 (Stand 1.2018) im Ländervergleich:

- Polen: 15.600 Euro
- Griechenland: 30.000 Euro
- Frankreich: 31.500 Euro
- Norwegen: 38.300 Euro
- Österreich: 39.000 Euro
- Niederlande: 52.800 Euro
- Deutschland: 55.300 Euro
- Luxemburg: 98.200 Euro

Nur in Luxemburg verdient ein Lehrer mehr als in Deutschland. Was ist an den deutschen Lehrern besser als an den Österreichischen? Warum muss ein deutscher Lehrer im Jahr mehr als 10.000 Euro mehr verdienen als ein Österreicher und dann verbeamtet sein?

Wir finden, **das ist UNGERECHT.**

Lehrer sind sicherlich wichtig für das Bildungswesen, aber der Sinn einer Zwangs-Verbeamtung ist infrage zu stellen. Angestellte Lehrer sind möglicherweise engagierter.

Lösungsvorschlag:

Lehrer sollten nur noch im Ausnahmefall verbeamtet werden. Eine Anstellung (zunächst auf Zeit) dürfte den Ehrgeiz der Lehrer sicher anregen, den Unterrichtsstoff noch interessanter zu vermitteln. Es gibt den Schulleitern mehr Flexibilität.

5. Die Rentenversicherung zahlt nicht jedem die EU-Rente

Nicht immer schaffen es Erwerbstätige, ein ganzes Leben zu arbeiten. Manchmal macht eine Krankheit einem einen Strich durch die Rechnung. Sei es ein Schlaganfall, eine Lähmung oder in zunehmendem Maße auch psychische Erkranken wie schwere Depressionen. Für den Fall, dass jemand nicht mehr in der Lage ist, zu arbeiten, weil er erwerbsunfähig ist, hat der deutsche Staat die Einrichtung der Erwerbsunfähigkeitsrente geschaffen. Ausgezahlt wird sie von der Rentenversicherung, in die der Angestellte bis zum Antrag häufig auch jahrzehntelang eingezahlt hat. Doch wer entscheidet, ob jemand erwerbsunfähig ist? Zunächst stellt der Kranke einen Antrag und legt ggf. Bescheinigungen von Ärzten, i.d.R. auch seinem Facharzt bei. Häufig waren solche Patienten auch bereits in Rehabilitationsmaßnahmen und wurden dort arbeitsunfähig entlassen. Die Rentenversicherung glaubt aber solchen Anträgen und ärztlichen Bescheinigungen nicht, sondern hat einen eigenen Arzt in größeren Städten, der im Gebäude der Rentenversicherung dann den Antragsteller untersucht und darüber befindet, ob die Rentenversicherung die Erwerbsunfähigkeitsrente zahlen muss oder nicht, indem er den Patienten erwerbsunfähig einstuft oder eben nicht. Das bedeutet, die Rentenversicherung entscheidet im Prinzip selbst über sich selbst. Das wäre so, als wäre man mit der Reparatur seines Autos in der Vertragswerkstatt unzufrieden und muss, um die Reparatur „neutral" begutachten zu lassen, wieder in die Werkstatt fahren, damit ein Werkstattangestellter dann entscheidet, ob die Reparatur ordentlich war. Wie der wohl entscheiden wird, wenn er bedenkt, wer sein Gehalt bezahlt? Natürlich kann man auch vor Gerichten gegen Entscheidungen der Rentenversicherungen kämpfen und klagen, dann wird noch ein weiterer Gutachter eingeschaltet, was häufig im jahrelangen Kampf endet, wo schon so mancher Rentner aufgegeben hat – oder verstorben ist. Auf Freiburg ist ein Fall bekannt, wo der Gutachter der Rentenversicherung bei der Begutachtung die Patienten mit den Worten empfing „In anderen Ländern gibt es gar keine Erwerbsunfähigkeitsversicherung – sie sind auch viel zu jung für eine Rente" – das lässt erahnen, wie „neutral" dieser „Gutachter" dann wohl tatsächlich seine Gutachten verfasst. In Deutschland beziehen per Stand 5.2019 rund 1,8 Millionen Menschen Erwerbsunfähigkeitsrente. Doch bis man diese bekommt, vergeht oft ein langer Prozessweg, nachdem ein „hauseigener" Gutachter für die Rentenversicherung erst einmal der Rente einen Riegel vorgeschoben hat. Rund 150.000 Anträge auf EU-Renten werden pro Jahr abgelehnt. Wer Widerspruch einlegt, bekommt bei ca. 1/3 der Fälle Recht. Warum versucht die Rentenversicherung in diesen Fällen zunächst mit dem eigenen Gutachter, die Leistung zu verweigern? Warum müssen kranke und erwerbsunfähige Menschen ihr Recht erst einklagen?

Wir finden, das ist **UNGERECHT.**

Wenn die Rentenversicherung einen für erwerbsfähig hält, bekommt man erstmal keine Erwerbsminderungsrente – auch nicht, wenn der Hausarzt einen für arbeitsunfähig und erwerbsunfähig hält. Eigene Gutachter der Rentenversicherung wehren Ansprüche ab.

Lösungsvorschlag:

Das erste Gutachten für eine Erwerbsminderungsrente der Rentenversicherung sollte nicht deren eigener – angestellter – Gutachter erstellen, sondern ein unabhängiger. Ggf. freie Sachverständige. Ansonsten droht ein jahrelanger Rechtsstreit, der Kranke noch kränker macht.

6. Zwangsmitgliedschaft in der IHK

Sobald man in Deutschland eine Firma gründet und hat sich dazu zur Gemeinde begeben und für wenige Euro das Gewerbe angemeldet, erhält der engagierte Selbstständige oder Firmengründer Post von zahlreichen Institutionen, die alle Geld von ihm wollen. Das Finanzamt schreibt einen schnell an und will wissen, wieviel Umsatz man denn so im ersten Jahr machen möchte, um dann Umsatzsteuervorauszahlungen festsetzen zu können. Eine der Institutionen, die schnell auf einen zukommt, ist auch die Industrie und Handelskammer. Ob man will oder nicht. Man wird Zwangsmitglied in dieser Vereinigung. Leider ist das nicht kostenlos, sondern die wollen für diese ungefragte Zwangsmitgliedschaft, die man weder ablehnen noch kündigen kann, auch noch Geld. Der Beitrag rechnet sich nach dem Gewinn, aber es gibt Mindestbeiträge, die häufig schon im dreistelligen Eurobereich liegen. Noch bevor man den ersten Euro verdient hat.

Wer in Deutschland ein Gewerbe betreibt, wird bei der IHK Zwangsmitglied. Dagegen haben bereits Unternehmer geklagt und vor Gericht verloren. Das Bundesverfassungsgericht hat mit Beschluss 1 BvR 2222/12 u.a. entschieden, dass an der Beitragspflicht nichts zu beanstanden sei. Auch im Jahr 2001 hatte es eine ähnliche Entscheidung gegeben.

Das Verfassungsgericht hat wohl richtig erkannt, dass die Zwangsmitgliedschaft, die die IHK vornehm „Pflichtmitgliedschaft" nennt, zwar in die grundgesetzlich geschützte allgemeine Handlungsfreiheit eingreift, - dieses sei aber gerechtfertigt, wenn die Voraussetzungen geschaffen werden, dass das Interesse aller Betriebe berücksichtigt wird. Und eben dies sieht die IHK mit der Wahl von Vertretern zur Vollversammlung gewährleistet.

In der Praxis stößt die IHK auf Kritik von Unternehmerseite: Stellt man spezielle Anfragen, die über allgemeines kaufmännisches Wissen hinausgehen, ist die IHK mit ihrem Wissen auch oft am Ende der Fahnenstange angekommen. Bei Testanrufen war bereits die Frage, ob man als deutscher Unternehmer differenzbesteuert ins EU-Ausland liefern dürfe, ohne auf die Schwellenwerte/Lieferschwellen zu achten, eine Herausforderung für mehrere IHKs. Unternehmer, die ihren Betrieb z.b. wegen Insolvenz schließen mussten, aber ihre Azubis über die IHK in andere Betriebe vermittelt haben wollten, stießen dort auf taube Ohren. Unternehmer, die auf die IHK-Mitgliedschaft auf ihrer eigenen Webseite hinweisen, wurden von der IHK teilweise abgemahnt, dies zu unterlassen. Auch wenn ein Unternehmer die Leistungen der IHK nicht in Anspruch nimmt, weder ausbildet noch an Seminaren teilnimmt noch Fragen stellt, muss er einen Zwangsbeitrag an diese Institution zahlen und wird – wenn er Pech (oder Glück) hat, dann noch nicht einmal zu deren Neujahrsempfang eingeladen. Der jährliche Durchschnittsbeitrag für Unternehmen in der IHK ist 326 Euro (2019), für solche mit Handelsregister-Eintrag sogar 563 Euro. Die Gesamterträge der IHKs in Deutschland belaufen sich auf 1,4 Milliarden Euro. 8.868 Mitarbeiter arbeiteten 2019 für die IHKs in Deutschland. Viele Unternehmer werden nie jemanden davon sprechen oder benötigen. Die IHK-Vollversammlungen sind überdies eine Männergesellschaft mit nur rund 20% Frauenanteil. Wir finden, eine beitragspflichtige Zwangsmitgliedschaft bei der IHK ist – gerade für kleinere Betriebe – **UNGERECHT.**

Lösungsvorschlag:

Mindestens Kleinbetriebe bis 10 Beschäftigte sollten die Wahl zur Mitgliedschaft in der IHK haben, alternativ sollten Beitrags-Freigrenzen eingeführt werden. Wer unter 100.000 Euro Jahresumsatz aufweist oder 12.000 Euro Jahresgewinn sollte – wenn unter 10 Beschäftigte vorliegen, keinen Beitrag zahlen müssen.

7. Väter dürfen für Kinder zahlen – sie aber nicht sehen

In Deutschland ist die Pflicht von unterhaltspflichtigen Elternteilen juristisch getrennt vom Umgangsrecht. Was in der Praxis häufig nichts anderes heißt, als das Väter zwar für Ihr ggf. uneheliches Kind zahlen müssen, aber dadurch kein Recht erwerben, dieses auch zu sehen. Macht die Mutter glaubhaft, dass das Kind den Vater nicht sehen will oder äußert das Kind diesen Gedanken eigenständig, muss der Vater dennoch für das Kind zahlen, hat aber praktisch kein Umgangsrecht. Auch wenn ihm dieses theoretisch oder nach Rechtsprechung zusteht. Uns liegen mehrere Fälle von Vätern vor, die für Kinder zahlen müssen, denen aber praktisch der Umgang mit dem Kind verweigert wird.

Hier sollte in die Gesetze ein Passus eingebracht werden, dass ein Elternteil, dem der Umgang mit dem Kind nachhaltig verweigert wird, auch nicht mehr zum Unterhalt verpflichtet ist, weil dies groben Undank entspricht. Wir finden, dass die Zahlpflicht für Eltern, die ihr Kind im Gegenzug gar nicht sehen dürfen, UNGERECHT ist.

In Deutschland ist das Umgangsrecht getrennt von der Pflicht zu zahlen. Wenn ein Elternteil dem anderen die Kinder vorenthält, kann es sein, dass der allein gelassene Elternteil dennoch für die Kinder zahlen muss, - obwohl er sie noch nicht mal sieht. Das empfinden die Nur-Zahl-Elternteile dann als ungerecht.

Lösungsvorschlag:

Jemandem, dem der Umgang mit dem Kind verweigert wird, sollte keine Unterhaltszahlpflicht auferlegt werden können. Es sei denn, er verhält sich nachweislich kindswohlgefährdend, was definiert werden muss, z.b. durch regelmäßigen Drogenkonsum, sexueller Missbrauch etc.
Aber Kindern ein Elternteil vorzuenthalten, nur weil der andere Elternteil das Kind aufhetzt, aber dennoch zahlen zu lassen: ist und bleibt ungerecht.

8. 30 Jahre einzahlen – 1 Jahr bekommen

In Deutschland arbeitslos zu werden, ist immer noch besser abgefedert als in vielen anderen Ländern der Welt. In denen zahlt man allerdings dann auch monatlich nicht in eine Arbeitslosenkasse ein… Wer in Deutschland z.b. ab dem 18 Lebensjahr 30 Jahre lang arbeitet und dabei auch Beiträge zur Arbeitslosenversicherung entrichtet, erhält bei Vorliegen von Arbeitslosigkeit anschließend nur 1 Jahre lang Arbeitslosengeld, fällt anschließend in Hartz4. Wer z.b. mit 48 einen Schlaganfall bekommt oder die Firma muss Insolvenz anmelden, ist oft für den freien Arbeitsmarkt schon „zu alt" und findet keinen Job mehr. Er wird nach 12 Monaten Bezug von „Arbeitslosengeld I" dann zum Sozialfall, erhält ggf. Hartz4 und muss dann am Existenzminium herumkrebsen. Egal, wieviel er vorher verdient hat. Auch die Verbesserungen, die man für über 50-Jährige eingeführt hat, verlängern die Schonfrist bis zum Fallen in Hartz4 allenfalls um ein paar Monate. So erhält derjenige, der bei Arbeitslosigkeit schon 50 Jahre alt ist und 30 Jahre eingezahlt hat, 15 Monate statt 12 Monate Arbeitslosengeld 1. Er fällt also 3 Monate später in Hartz4. Wenn jemand 55 Jahre alt ist und 36 Jahre gearbeitet hat, erhält er 18 Monate ALG I, fällt danach in Hartz4.

Wir finden: Wer 30 Jahre lang in die Arbeitslosenversicherung eingezahlt hat und dann im Alter arbeitslos wird, hat einen Anspruch auf längeres Arbeitslosengeld, ggf. auch 3 Jahre oder bis zum Eintritt der Altersrente – wenn er keine Arbeit findet und ihm auch keine adäquate angeboten werden kann. Zumindest könnte man eine Regel einführen: Wer im ganzen Leben noch nie oder nicht länger als xy Monate arbeitslos war, hat nach 30 Jahren Einzahlen 2 oder 3 Jahre Anspruch auf Arbeitslosengeld I. Das Fallen in Hartz4 mit 30 Jahren Arbeit nach nur einem Jahr ALG I finden wir UNGERECHT.

Das Sozialgesetzbuch (SGB III) muss hier geändert werden. Leute, die ein Leben lang gearbeitet haben und dann z.B. durch Insolvenz oder Sparmaßnahmen des Arbeitgebers auf die Straße gesetzt werden, werden nicht nur nach einem Jahr zum Sozialfall, sondern leiden oft psychisch noch darunter und werden auch noch krank dadurch. Dies ist gegen die Menschenwürde.

Die Agentur für Arbeit zahlt – auch wenn man 30 Jahre eingezahlt hat – nur kurz das Arbeitslosengeld I. , dann kommt
Hartz4.

Bisheriger Anspruch auf ALG I nach SGB III:

Versicherungspflicht in den letzten 5 Jahren vor der Arbeitslosmeldung (in Monaten)	Vollendetes Lebensjahr	Höchstanspruch ALG I in Monaten
12		6
16		8
20		10
24		12
30	50	15
36	55	18
48	58	24

Lösungsvorschlag:

Bei Arbeitslosen ab 55 sollte das ALG I einen doppelt so langen Zeitraum gezahlt werden – bei gleichzeitiger Intensivierung der Bemühungen der Agentur für Arbeit, solche Leute wieder in Arbeit zu bringen. Es ist ungerecht, Leute nach 30 Jahren Beitragszahlung nach etwas mehr als einem Jahr in Hartz4 fallen zu lassen.

9. Mindestlohn wird oft nicht eingehalten

Der Mindestlohn wird in Deutschland in vielen Fällen praktisch nicht eingehalten. Es mag gut sein, dass es ihn theoretisch und auf dem Papier gibt, aber er sollte dann auch praktisch so eng überwacht werden, dass die Nichteinhaltung zur absoluten Ausnahme und nicht zur Regel wird.

Wir wird der Mindestlohn umgangen?

Hier gibt es viele Methoden, die Mindestlohnbestimmungen auszutricksen, wie gelegentliche Kontrolle – vor allen Dingen durch den Zoll – immer wieder zeigen.

Beispiel 1:

Erntehelfer in der Landwirtschaft erhalten zwar auf dem Papier den Mindestlohn, müssen dann aber davon einen Teil für eine häufig grottenschlechte Unterbringung in Mannschaftsquartieren und Einfachstverpflegung zu überhöhten Tarifen abgeben. Dazu müssen diese häufig deutlich länger als vereinbart und gesetzlich zulässig arbeiten, was aber durch Verfälschung von Aufzeichnungen darüber ermöglicht wird.

Unter dem Strich wird so der Mindestlohn deutlich unterstrichen

Beispiel 2:

Schausteller-Gehilfen reisen häufig mit den Schausteller-Familien durch Deutschland – von Kirmesplatz zu Kirmesplatz („junger Mann zum Mitreisen gesucht"). Währenddessen schlafen sie häufig in sogenannten Mannschaftswagen, LKW-Anhängern mit Miniabteilen für das Personal. Während Volksfesten wird dann gerne schon mal nicht so genau auf die Uhr geschaut, weil schließlich auch bis nach Mitternacht jemand den Autoscooter bedienen muss und so ein Volksfest gerne auch mal länger als 8h am Tag aufhat. Für das Schlafen im Lkw-Anhänger und das Zurverfügungstellen von Lebensmitteln, gerne auch Dosen-Ravioli oder Einfachstverpflegung werden überhöhte Sätze in Abzug gebracht. Bei den Stundenaufzeichnungen wird getrickst. Der

Gesetzgeber hat dieses Risiko sogar erkannt und deshalb für Schausteller einige erhöhte Anforderungen gestellt:

- Sofortmeldepflicht nach Beschäftigungsantritt nach 28a IV Nr. 2 Viertes Sozialgesetzbuch (SGB IV)
- Pflicht zum Mitführen der Ausweispapiere, §2a SchwarzArbG
- Mindestlohn/Mindestarbeitsbedingungen: Zeitaufschrieb (17 MiLoG), Meldepflicht vor Arbeitsbeginn für ausländische Unternehmer (§16 MiLoG)

Dennoch werden bei Kontrollen in einem beachtlichen Teil der untersuchten Firmen Verstöße festgestellt. Im Mai 2018 hat der Krefelder Zoll auf der sogenannten Sprödentalkirmes 60 Schaustellerbetriebe mit 174 beschäftigen Personen kontrolliert: Dabei konnte in 54 Fällen und damit fast bei jedem dritten Beschäftigen, mindestens ein Verstoß festgestellt werden, dabei wurden z.B. offenkundig:

- Unterschreitung des Mindestlohns (damals 8,84€)
- Nicht- oder Falschanmeldung zur Sozialversicherung
- Verletzung Aufzeichnungspflichten für die täglichen Arbeitszeiten

Beispiel 3:
Gastronomie-Beschäftigte erhalten häufig auch nicht den Mindestlohn, arbeiten mehr als zulässig, sind häufig nicht oder zu gering in der Sozialversicherung gemeldet. Bei praktisch jeder Razzia des Zolls gegen Schwarzarbeit in der Gastronomie werden Fälle der kompletten Nichtanmeldung bei der Sozialversicherung, des Unterschreitens des Mindestlohns und des Arbeitens von Ausländern ohne Aufenthaltstiteln festgestellt. Selbst der DEHOGA-Verband räumt ein, dass Schwarzarbeit und Unterschreitung von Mindestlohnzahlungen immer noch viel zu stark in der Gastronomie verbreitet ist.

Wir finden: Mit dem Mindestlohn kommt man in Deutschland in vielen Städten und Ballungsräumen ohnehin kaum noch zurecht. Diesen dann aber durch Ausbeutung von Arbeitnehmern noch zu unterschreiten, finden wir **UNGERECHT**.

Es finden viel zu wenig Kontrollen statt. Typische Branchen, in denen der Mindestlohn häufig unterschritten wird, wie z.b. Gastronomie, Schausteller, Taxifahrer, Erntehelfer etc. müssten so häufig kontrolliert werden, dass das Entdeckungsrisiko so groß wird, dass so gut wie keiner mehr dagegen verstößt. Ansonsten ist der ehrliche der Dumme und das ist UNGERECHT.

Saisonarbeiter müssen auf dem Papier den Mindestlohn verdienen, der ohnehin schon sehr niedrig ist. Faktisch wird dies häufig unterlaufen, z.b. durch unbezahlte Überstunden oder überproportionale Verrechnung von Kost und Logis.

Lösungsvorschlag:

Viel engere Kontrollen bei typischen Betriebsarten, wo Saisonarbeiter ausgenutzt werden, z.B. Erntehelfer, Schaustellergehilfen, Gastronomie. Eine nur gelegentliche Zollkontrolle kann hier nicht weiterführen. Das Kontrollnetz muss so engmaschig sein, dass das Entdeckungsrisiko den Arbeitgebern zu groß erscheint. Dazu könnten z.B. die entsprechenden Kräfte beim Zoll deutlich ausgebaut werden. Durch die erzielten Mehreinnahmen rechnet sich dies vermutlich gesamtwirtschaftlich schnell.

10. 1,5 Jahre Bundespräsident ergibt lebenslange Rente

Es steht jedem frei, auch Bundespräsident zu werden. In Sachen Altersversorgung ist das jedenfalls absolut erstrebenswert. Wer einmal Bundespräsident war, erhält lebenslang eine Altersversorgung, die sich gewaschen hat. Auch wenn er noch nicht mal eine Legislaturperiode durchgehalten hat oder z.b. vorzeitig selbst zurückgetreten ist. So geschehen beim Kurzzeit-Präsident Wulff, der nach knapp 1,5 Jahren vom Amt des Bundespräsidenten zurückgetreten ist. Lebenslang hat er jetzt Anspruch auf den sogenannten Ehrensold.

Der Ehrensold in seiner jetzigen Form wurde dem Grunde nach im Jahr 1959 eingeführt. Zuvor gab es 3 Monate nach dem Ausscheiden die Bezüge weiter, dann 75% für ein Jahr, anschließend 50% für den Rest des Lebens.

Der sogenannte Ehrensold, geregelt im Gesetz über die Ruhebezüge des Bundespräsidenten, richtet sich nach den Amtsbezüge ohne Aufwandsgelder. Im Jahr 2019 sind dies beispielsweise über 200.000 Euro pro Jahr. Zusätzlich gibt es natürlich noch Beihilfe wie für Beamte. Plus ein Büro, plus Reisekosten und plus Beschäftigte. Wer als Bundespräsident ausscheidet, muss also im Prinzip nicht mehr arbeiten und hat dennoch ein auskömmliches Einkommen. Beim Ex-Bundespräsident Walter Scheel wurde dieser Ehrensold z.B. 37 Jahre lang gezahlt, bei Richard von Weizsäcker 21 Jahre und bei Roman Herzog 18 Jahre lang.

Ein normaler Angestellter, der 47 Jahre lang in die Rentenversicherung Höchstbeiträge eingezahlt hat, erhält noch nicht einmal ein Viertel dieser Bezüge. So sehr man verstehen kann, dass es unschön aussieht, wenn sich ein ehemaliger Bundespräsident beim Jobcenter in der Hartz4-Antragsschlange anstellen müsste, so viel Spielraum ist doch noch zwischen 0 Euro und über 200.000 Euro.

Auch wer nur kurz im Schloss Bundespräsident ist, bekommt lebenslang eine sechsstellige Vergütung.

Lösungsvorschlag:

Warum kann man keine Übergangslösung schaffen? Z.B. 1 Jahre lang weiter die Bezüge, dann lebenslang die Hälfe oder ein Drittel. Und wenn andere Einkünfte anfallen, sollten diese voll verrechnet werden. Zum Erreichen dieser Ansprüche sollten mindestens 4 Jahre Amtszeit erreicht werden, sonst sollten Kürzungen vorgenommen werden. Lebenslang über 200.000 Euro im Jahr nach 1,5 Jahren Präsident finden wir **UNGERECHT**.

11. Moslems zahlen Bischofs-gehälter

Vor über 200 Jahren zu Zeiten Napoleons wurde im Jahr 1803 die sogenannte Reichsdeputation Regensburg beschlossen. Weil der Kirche etwas weggenommen wurde (Bistümer, Kloster etc.) hat sich der Staat damals verpflichtet, die Gehälter der Kirchendiener zu bezahlen. Das ist noch heute so und wird regelmäßig zwischen den Bistümern/Diözesen und den Ländern ausgehandelt. Immer wieder kommen Bestrebungen auf, diesen Jahrhunderte alten Zopf einmal abzuschneiden, aber so richtig traut sich da niemand ran. Im Ergebnis führt dies dazu, dass z.b. Menschen, die aus der Kirche ausgetreten sind oder gar Mitglied in einer anderen Glaubensgemeinschaft sind, die Bischöfe der katholischen Kirche bezahlen. Das gilt dann z.b. auch für Moslems.

Bischöfe in den 27 Bistümern der katholischen Kirche in Deutschland verdienen i.d.R. soviel wie in den Beamtenbesoldungsstufen B6 bis B10, neue Weihbischöfe auch B4 bis B6. Im Ergebnis heißt dies, dass Bischöfe auf Steuerzahlerkosten eine monatliche Vergütung von ca. 9000 Euro bis rund 13.000 Euro erhalten. Beiträge für Arbeitslosen- oder Rentenversicherung gehen dort nicht ab, sodass für diese Berufsgruppe, die sich für die Ärmsten der Armen einsetzen soll, ziemlich viel Netto vom Brutto übrigbleibt.

Man mag darüber streiten, ob ein Weihbischof 9000 Euro im Monat verdienen muss, aber unstrittig dürfte sein, dass es mindestens bemerkenswert ist, dass man eine Religionsgemeinschaft finanzieren muss, obwohl man dieser gar nicht angehört. Wenn ein Moslem so gezwungen wird, den katholischen Bischof zu finanzieren, ist das befremdlich. Ebenso bei aus der Kirche ausgetretenen Personen. Wir finden, das ist UNGERECHT.

In Deutschland finanzieren alle Steuerzahler die Gehälter von Bischöfen. Damit zahlen auch Moslems die katholischen Bischöfe. Ein Konstrukt aus vergangenen Jahrhunderten. (Foto: BSF Freiburg)

Unser Lösungsvorschlag:
Die einzelnen Länder sollten einen Vertrag aushandeln, der dem ein Ende setzt. Die Zahlungen sind nicht mehr zeitgemäß und sollten über einen Zeitraum von 10 bis 20 Jahren langsam ausschleichen. Wenn katholische Bischöfe es für sinnvoll halten, 9000 Euro im Monat zu erhalten und einen goldenen Bischofsstab, ein goldenes Kreuz und einen goldenen Bischofsring tragen zu müssen, was an mittelalterliche Verhältnisse erinnert, sollen sie es auch selber im eigenen Verein finanzieren. Auch dann, wenn vor mehr als 200 Jahren Napoleon durch die Lande zog und Ländereien, Klöster und Bistümer neu verteilt worden sind. Deutschland will auch nicht Westpreußens Danzig zurück und Griechenland erhält auch keine Reparationszahlungen für den zweiten Weltkrieg mehr. Irgendwann ist ja mal gut.

12. Finanzamt holt schnell, aber gibt langsam

Das ist sicher schon jedem aufgefallen: Wenn man Geld vom Finanzamt zu bekommen hat, dauert die Erstattung immer deutlich länger, als wenn man etwas zahlen muss. Wenn man eine Steuererklärung abgibt und müsste an sich Geld zurückerhalten, dauert die Bearbeitung tendenziell immer länger, als wenn man Geld zahlen muss. Auch wenn man eine Umsatzsteuererklärung als Selbstständiger abgibt und muss Umsatzsteuer zahlen, bucht das Finanzamt das pünktlich kurz nach dem 10. eines jeden Monats ab, bekommt man aber viel wieder, weil man z.b. viel ins Nicht-EU-Ausland verkauft hat und deshalb Vorsteuer geltend machen kann, ohne Mehrwertsteuer beim Verkauf berechnen zu dürfen, dauert die Erstattung oft deutlich länger. Im Falle der Umsatzsteuer kann man es noch verstehen, dass besondere Prüfroutinen dafür Sorge tragen sollen, dass kein Umsatzsteuerbetrug stattfindet, aber bei gewöhnlicher Einkommensteuer ist das nicht mehr zu verstehen. Warum kann ein Normalsterblicher nicht einfach die zu Unrecht bereits bezahlte Steuer zeitnah wieder zurückerhalten, wenn er eine entsprechende Erklärung abgibt? Wir finden: DAS IST UNGERECHT!

Auch die Unterschiede der Bearbeitungszeiten von Steuererklärungen sind von Bundesland zu Bundesland unterschiedlich. So dauert es in dem einen Bundesland u.a. doppelt so lange wie in einem anderen. Auch das ist UNGERECHT. Der Bund der Steuerzahler hat 2018 einmal einen Test gemacht und folgende Durchschnitts-Wartetage zwischen Abgabe Erklärung und Erhalt Steuerbescheid ermittelt:

- Niedersachsen: 63 Tage
- Hessen: 58 Tage
- Schleswig-Holstein: 56 Tage
- Thüringen: 54 Tage

- Bremen: 51 Tage
- Sachsen: 51 Tage
- Brandenburg: 51 Tage
- Sachsen-Anhalt: 51 Tage
- Baden-Württemberg: 49 Tage
- Bayern: 48 Tage
- Rheinland-Pfalz: 48 Tage
- Mecklenburg-Vorpommern: 48 Tage
- Saarland: 40 Tage
- Hamburg: 39 Tage
- Berlin: 38 Tage

Hier gibt es also deutliche Unterschiede in der Bearbeitungsdauer

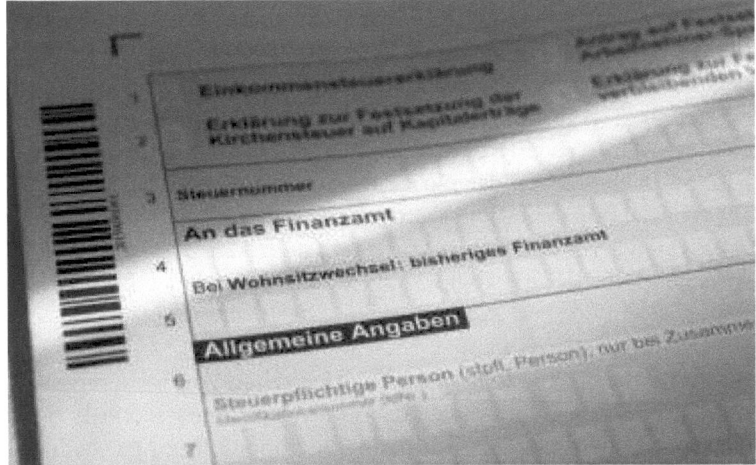

Wer dem Finanzamt Geld schuldet, wird schnell mit der Vollstreckung in Bekanntschaft kommen. Wer Geld erwartet, darf warten und warten. Aber nicht vollstrecken. (Foto: cc0 pixabay)

Lösungsvorschlag:
Wer im Rahmen der Einkommensteuererklärung eine Erstattung zu bekommen hat, sollte sein Geld genauso schnell erhalten, wie

im Falle einer Nachzahlung eine Nachforderung gestellt wird. Die Finanzämter behaupten i.d.R., dass Erstattungs- und Nachforderungsfälle gleich schnell bearbeitet werden. In der Praxis haben Steuerzahler allerdings andere Erfahrungen gemacht. Eigentlich sollte im Zeitalter von elektronischen Steuererklärungen mindestens dann zeitnah erstattet werden, wenn ein Steuerberater die Erklärung eingereicht hat, -ggf. auch unter dem Vorbehalt der Nachprüfung. Dies kann man ja betragsmäßig begrenzen, damit niemand Zehntausende oder Hunderttausende ungeprüft erhält. Gerade die Bezieher kleiner Einkommen warten aber häufig sehnsüchtig auf zurück zu erstattende Hunderterbeträge oder kleine Tausenderbeträge. Hier sollte für Beschleunigung gesorgt werden.

Bundesländer, die regelmäßig besonders lang brauchen, müssen personell und/oder organisatorisch so ausgestattet werden, dass die Bearbeitung schneller vonstattengeht.

Überdies sollte man überlegen, ob man für die meisten Arbeitnehmer nicht ähnlich wie bereits in Schweden oder Norwegen vorausgefüllte Steuererklärungen via Internet ermöglicht, die dann deutlich schneller automatisiert bearbeitet werden können.

13. Kindergeldmissbrauch für im Ausland lebende Kinder

EU-Bürger erhalten Kindergeld auch dann, wenn sie keinen Job mehr haben oder krank werden und die Kinder im Ausland leben. Das hat sich ein Rumäne z.b. beim EU-Gerichtshof (Az C-322/17) für einen Fall in Irland erklagt. Gilt aber auch in Deutschland. Deshalb gibt es im Ruhrgebiete einige Städte, in denen ganze Straßenzüge von Abbruchhäusern mit Rumänen belegt sind, die häufig auch nur dort gemeldet sind, damit Kindergeld für die in Rumänien lebenden Kinder beantragt werden kann. Wer in Rumänien 6 Kinder hat oder einen Beleg herbeibringt, der angibt, dass er in Rumänien sechs Kinder hat, bekommt dann in Deutschland das deutsche Kindergeld, obwohl der tatsächliche Aufwand des Kindes ja in Rumänien aufgrund der dortigen niedrigeren Lebenshaltungskosten viel niedriger ist. In Rumänien beträgt der Durchschnittslohn ca. 563 Euro im Monat, ein Mindestlohn ist ab 1.1.2019 auf 446 Euro im Monat festgesetzt, ein Lehrer verdient im Schnitt 505 Euro im Monat. Ein Rumäne, der fünf Kinder hat, erhält über 1000 Euro Kindergeld und damit rund doppelt so viel, wie er in Rumänien durchschnittlich verdienen würde. Mit dem einen Unterschied: Er muss dafür in Deutschland nicht arbeiten, sondern nur noch gemeldet sein. Das dies eine Verlockung für viele Rumänen darstellt, ist verständlich.

Kindergeld ist richtig und wichtig und dieses soll Aus- wie Inländern gleichermaßen zustehen. Dies darf aber nicht gelten, wenn sich dadurch in großem Maße ein Sozialtourismus ergibt, der dazu führt, dass Rumänen oder andere Europäer aus Niedriglohnländern in Scharen ihre Familien verlassen, um in Deutschland Kindergeld zu beantragen.

Kinder leben in armen Dörfern im Heimatland, ein Elternteil kassiert aber in Deutschland das Kindergeld, welches für deutsche Verhältnisse ausgelegt ist. Gerne auch mehr als ein halbes oder mehr als ein Monatseinkommen im Heimatland der Kinder. Ob das Kindergeld beim Kind ankommt, prüft auch niemand. (Foto: cc0 pixabay)

Lösungsvorschlag:
Ist der Lebensmittelpunkt des Kindes regelmäßig in einem nichtdeutschen Land, dessen Lebenshaltungskosten niedriger sind, sollten die Kindergeldsätze reziprok angepasst werden. Damit sinkt der Anreiz, die Sozialsysteme auszunutzen.

Unter dem Strich ist das auch menschlicher, da sich das bisherige Modell nur rechnet, wenn die Rumänen, die sich in Deutschland anmelden, in billigen Bruchbuden menschenunwürdig leben.

Niedrigeres Kindergeld für Kinder in armen Ländern wäre auch kein ganz neues Prinzip. Nach dem Haager Unterhaltsabkommen müssen auch Väter, die ein Kind im Ausland gezeugt haben, Kindesunterhalt nach den Verhältnissen zahlen, die in dem Land gelten, wo das Kind seinen regelmäßigen Aufenthalt hat. Väter, die ein uneheliches Kind in der Schweiz zeugen, müssen mehr zahlen als Väter, die ein Kind in Bukarest zeugen. Insoweit würde nur die Kindergeldzahlpflicht an die Unterhaltspflicht angepasst.

14. Wohnungen vom Jobcenter gibt es gar nicht

In Deutschland gibt es ja – zumindest theoretisch – mit Arbeitslosengeld I und Arbeitslosengeld II (Hartz4) ein soziales Auffangnetz, welches einen bei Arbeitslosigkeit, Krankheit oder anderen Einschränkungen nicht sofort ins Nichts fallen lassen. Doch der Teufel steckt im Detail: Bei Menschen, bei denen das Arbeitslosengeld (I) ausläuft, kommt im Anschluss häufig eine Kombination aus Mietzuschuss und Arbeitslosengeld II, volkstümlich „Hartz4" genannt. Das Jobcenter als auszahlende Stelle übernimmt die Mietkosten, sofern kein oder kein ausreichendes Einkommen vorliegt. Das klingt erstmal komfortabel, denn nach den Vorschriften übernimmt das Jobcenter nur die „angemessenen Mietkosten". Und was angemessen ist, bestimmt das Jobcenter erstmal selbst.

Wer in einer – für das Jobcenter – zu teuren Wohnung wohnt, erhält zu Beginn des Hartz4-Bezugs ein Schreiben a la

„Wir übernehmen Ihre Mietkosten… allerdings sind diese zu hoch…bitte sind Sie doch so nett und ziehen nach maximal 6 Monaten in eine preiswertere Wohnung…wir machen höflich darauf aufmerksam, dass wir nur Wohnungen bis zu xy Euro bezahlen… "

Im Ergebnis bedeutet das, das der Hartz4-Bezieher nach 6 Monaten entweder eine billigere Wohnung hat, was in vielen Fällen alleine schon wegen Wohnungsnot schlichtweg unmöglich ist, - oder aber aus dem Hartz4-Grundsatz von rund 400 Euro mehrere hundert Euro für die Miete abzwacken muss und dann zu wenig Geld für die Grundbedürfnisse wie Lebensmittel etc. übrig hat. Das bedeutet dann Nudeln, Nudeln und nochmals Nudeln, aber ohne Bolognese.

In der Stadt Freiburg hat das Jobcenter z.B. die folgenden Höchstsätze für das Jahr 2019 festgelegt, nicht ohne darauf hinzuweisen, dass die absoluten Höchstgrenzen sind, auf die nicht zwingend ein Rechtsanspruch besteht:

- 1 Person max. 411,30 Euro Kaltmiete (incl. NK: 487,80)
- 2 Pers. max. 489,60 Euro Kaltmiete (incl. NK: 591,60)
- 3 Pers. max. 591,75 Euro Kaltmiete (incl. NK 719,25)
- 4 Pers. max. 736,20 Euro Kaltmiete (incl. NK 889,20)

In Frankfurt billigt man den Menschen differenzierter nach Baujahr der Wohnung die Mietübernahme zu, z.b.:

- 1 Person max. 50qm Bj. bis 1918: 467 Euro kalt
- 1 Person max. 50qm Bj. 1995-2009: 501 Euro kalt
- 2 Pers. max. 60qm Bj. 1995-2009: 571 Euro kalt
- 3 Pers. max. 75qm Bj. 1978-1994: 646 Euro kalt

Diese Obergrenzen werden von Stadt zu Stadt individuell festgelegt. Das Problem ist nur, dass in zahlreichen Städten Deutschlands, vor allen Dingen in größeren Städten dazu gar keine Wohnungen auf dem Markt zur Verfügung stehen. Für o.a. Preise mag man in der Uckermark gut eine Wohnung bekommen, aber nicht in Freiburg oder Frankfurt wofür die Sätze vorgesehen sind. Auch in München, Stuttgart und anderen Ballungsräumen sind die Verhältnisse ähnlich.

Häufig wohnen Menschen, die in Hartz4 fallen, noch in Wohnungen, die einem früheren, höheren Einkommen angemessen waren: 3-Personen-Haushalte z.b. in 90qm Wohnungen. Weil z.B. ein Kind ausgezogen ist.

Praktisch umgeht das Jobcenter durch die zu niedrigen Sätze die Verpflichtung, für Miete und Lebensunterhalt aufzukommen.

Zusätzlich werden Hartz4-Bezieher auch noch gezwungen, weniger Wasser und Müll zu verbrauchen, als sie es üblicherweise tun.

Wer über dem Durchschnitt liegt, wird angeschrieben, dass das Jobcenter das zukünftig nicht mehr übernimmt.

Wer sich also fragt, was das für Menschen sind, die Müll an Autobahnparkplätzen, an der Bushaltestelle oder in der Ikea-Parkplatz-Mülltonne entsorgen, weiß nun, dass es sich vermutlich um Hartz4-Bezieher handelt, die vom Jobcenter zu kleineren Mülltonnen und größeren Leerungsintervallen gezwungen werden.

Es gab auch schon Urteile, dass dies alles nicht so sein darf, weshalb Jobcenter zusammen mit der Stadt und „Experten" Arbeitskreise bilden, um angemessene Miethöhen für Erstattungen festzulegen, dabei werden aber häufig bestehende Mietverhältnisse und nicht die auf dem freien Wohnungsmarkt zur Verfügung stehenden Wohnungen zur Berechnung herangezogen.

Wer Hartz4 bezieht, hat überdies häufig noch eine schlechte Schufa und bekommt daher häufig gar keine Wohnung oder nur sehr schwer. Er kann seine Mietkosten also faktisch gar nicht senken, selbst wenn er wollte.

Wir finden: DAS IST UNGERECHT

Eine Wohnung muss nicht riesig sein, aber das Jobcenter verweist zu schnell auf eine kleinere Wohnung, für die dann noch nicht mal marktgerechte Preise angesetzt werden. Praktisch führt dies dazu, dass der Hartz4-Bezieher aus seinem Geld für Lebensmittel und Kleidung noch Beträge für die Wohnung abzwacken muss.

Lösungsansatz:

Als erste Maßnahme sollte der Zeitraum, in dem jemand in seiner alten Wohnung wohnen bleiben kann, von 6 auf 12 Monate verlängert werden. Solange muss das Amt die Kosten übernehmen, es sei denn, es ist völlig unangemessen. Unter völlig unangemessen sind dann aber nur dramatische Überschreitungen üblicher Größen und Miethöhen zu verstehen (Singles mit 100qm-Wohnungen oder Mieten von 50% über durchschnittlicher Miete am Wohnort)

Anschließend sollte das Jobcenter auch tatsächliche Anmietgelegenheiten für billigere Wohnungen nachweisen oder zur Verfügung stellen, z.b. durch städtische Wohnungsgesellschaften, wie es sie in jeder größeren Stadt gibt. So bringt man auch Städte und Gemeinden dazu, preiswerten Wohnungsbau zu betreiben, weil dann – ähnlich wie in Wien – preiswerte Gemeindewohnungen gebaut werden, auf die man solche Leute verweisen kann.

15. Dickes Portemonnaie: Kein Gefängnis

Wer Straftaten begeht, kommt vor ein Gericht und muss u.U. ins Gefängnis. Die Wahrscheinlichkeit ist allerdings bei vermögenden Straftätern deutlich kleiner als bei verarmten. Bei gleicher Straftat. Woran liegt das? Zum einen daran, dass sich ärmere Straftäter (ohne Rechtschutzversicherung) keinen teuren und im Zweifelsfall auch guten Rechtsanwalt leisten können. Einen sogenannten Wahlverteidiger kann sich nur leisten, wer auch Geld hat. Clevere Strafverteidiger können oft schon – gegen gewaltige Anwaltshonorare – im Ermittlungsverfahren für eine Einstellung oder im Prozess für geringere Strafen verhandeln. Ärmere Beschuldigte erhalten erst dann einen Pflichtverteidiger, wenn längere Haftstrafen drohen. Pflichtverteidiger erhalten eine deutlich niedrigere Vergütung als Wahlverteidiger. Exzellente Anwälte arbeiten daher nur selten als Pflichtverteidiger.

Man sieht dies immer wieder an prominenten Beispielen. So z.b. im Fall des Drogeriemarktkönigs Schlecker: Obwohl nachweislich kurz vor der Insolvenz Millionenvermögen zur Seite geschafft worden sind, wurde Herr Schlecker nicht zu einer Gefängnisstrafe verurteilt. Bei seinen Kindern war das zwar nicht mehr zu verhindern. Es finden sich aber an jedem Landgericht Gastronomen oder Einzelhandelskaufleute, die sich nur einen einfachen Anwalt leisten können und dann für mehrere Jahre bei geringeren Schadensummen tatsächlich ins Gefängnis wandern.

Auch der ehemalige Post-Chef Zumwinkel, der nachweislich Steuern in beträchtlicher Höhe hinterzogen hat (selbst eingeräumt wurden alleine schon ca. 970.000 Euro) ging dafür nicht in das Gefängnis, sondern seine Anwälte handelten einen Deal aus: Er zahlte 200.000 Euro an gemeinnützige Organisationen und 800.000 Euro an die Staatskasse und konnte fortan unbehelligt auf seiner Burg Tenno am Gardasee weiter in der Sonne liegen. Es wurde lediglich eine Strafe zur Bewährung ausgesprochen. Da hilft es auch nicht, wenn er im Jahr 2009 sein Bundesverdienstkreuz zurückgegeben hat. Später wurde bekannt, dass sich Herr Zumwinkel seine Pensionsansprüche bei der Deutschen Post in Höhe von über 20 Mio. Euro hat als Kapitalabfindung auszahlen lassen. Die Spende an die gemeinnützige Organisation und seine Anwaltskosten hat er da sicher gut verkraften können. Statt schwedischer Gardinen konnte er sich den Gardasee von seiner Burg aus anschauen. Geld macht es möglich.

Reiche können sich also bessere Anwälte leisten (die mit den 100 Namen auf dem Briefkopf und den Kanzleien in New York, Rio und Tokyo) und auch durch das Angebot größerer Zahlungen an gemeinnützige Organisationen eine Freiheitsstrafe umgehen. Wir finden: DAS IST UNGERECHT

Das Portemonnaie entscheidet häufig über Gefängnis oder kein Gefängnis. Reiche Straftäter können sich die besseren Anwälte leisten und Geldzahlungen anbieten. (Bild: cc0 pixabay)

Lösungsansatz:
a) Ein Pflichtverteidiger muss im Zweifel jeder Straftäter zugeordnet bekommen, dessen Kosten vom Staat übernommen werden.
b) Alle Anwälte in einer Stadt sollten reihum verpflichtet werden, auch als Pflichtverteidiger zu arbeiten. Auch die in großen oder renommierten Kanzleien, die sonst für das Händeschütteln schon 300 Euro berechnen und mit Stundenhonoraren von 500 bis über 1000 Euro für ärmere Straftäter unbezahlbar sind.

16. Polizisten müssen auf dem Dorf wohnen

In diesen Zeiten, ist es eine besondere Herausforderung Polizist zu sein. Der Respekt vor den Ordnungshütern ist oft nicht mehr gegeben. Sie müssen sich anspucken und beschimpfen lassen. Das Wort „Hurensohn" hört ein Polizist häufig mehrmals am Tag, angespuckt zu werden gehört für viele Polizisten zum täglichen Brot. Die Bezahlung ist aber häufig so, dass die Polizisten in größeren Städten, in den sie arbeiten, gar nicht mehr wohnen können, weil der Wohnraum viel zu teuer geworden ist und aus dem Beamtengehalt nicht mehr zu decken ist. Die „unteren Chargen" sind daher häufig unzufrieden und natürlich auch anfällig für Bestechungen. Im Raum Freiburg wurden in den letzten Jahren gleich mehrere Polizisten vor Gericht gestellt, denen das Polizistengehalt zu niedrig war und deshalb Dienstleistungen gegen Entgelt für diejenigen erbracht haben, die sie bekämpfen sollten. So ist es auch in anderen Städten.

Polizisten am gleichen Einsatzort, aber in unterschiedlichen Organisationen werden häufig unterschiedlich bezahlt. So kann es sein, dass ein Polizist der Bundespolizei bei gleichem Dienstgrad mehrere hundert Euro mehr verdient als ein Polizist bei einem städtischen Polizeirevier. Bei gleicher Arbeitszeit.

Wer für die Sicherheit und Ordnung in Deutschland den Kopf hinhält, soll auch so vernünftig bezahlt werden, dass er nicht anfällig für Bestechungen ist und nicht morgens erst stundenlang aus kleineren Dörfern anfahren muss, um zur Dienststelle zu kommen. Wir finden eine zu niedrige und auch unterschiedliche Bezahlung von Polizisten IST UNGERECHT.

Wer sich bei Polizei oder Feuerwehr für andere einsetzt und ggf. sogar sein Leben riskiert, sollte auch so viel verdienen, dass er in der Stadt, in der er arbeitet, auch leben kann. Insbesondere eine angemessene Wohnung bezahlen kann.

Lösungsansatz:

Die Länder müssen die Vergütungssysteme für Polizisten überprüfen, auch wenn Haushalte angespannt sind. Polizisten – vor allen Dingen der unteren Verdienststufen – müssen besser bezahlt werden. Unterschiede in verschiedenen Organisationseinheiten müssen abgebaut werden. Überdies braucht es auch mehr Polizei in Deutschland. Hier ist in den letzten Jahren kaputtgespart worden.

17. Die Witwenrente – mehrfach ungerecht

Der durchschnittliche Rentner darf sich auf über 17 Jahre Rentenbezugsdauer seiner Altersrente freuen. Allerdings lebt kaum jemand so sie der Durchschnitt: Der eine wird älter, der andere stirbt im ersten Jahr seines Rentenbezugs. Und da fängt die Ungerechtigkeit an: Stirbt der Rentenbezieher kurz nach Rentenbeginn, erhält seine hinterbliebene Frau (oder natürlich umgekehrt) nur noch 55% Witwenrente, wenn denn die sonstigen Voraussetzungen alle erfüllt sind. Die restlichen 45% sackt sich die Rentenversicherung einfach ein. Obwohl der verstorbene Rentner vielleicht 45 Jahre Beiträge gezahlt hat. Dies führt bei frühem Versterben zu extremen Ungerechtigkeiten und vor allen Dingen auch häufig zu wirtschaftlichen Problemen, in den Fällen, in denen der hinterbliebene Partner vielleicht während der Ehe sich mehr um Kinder und Haushalt gekümmert hat.

Wir finden: DAS IST UNGERECHT

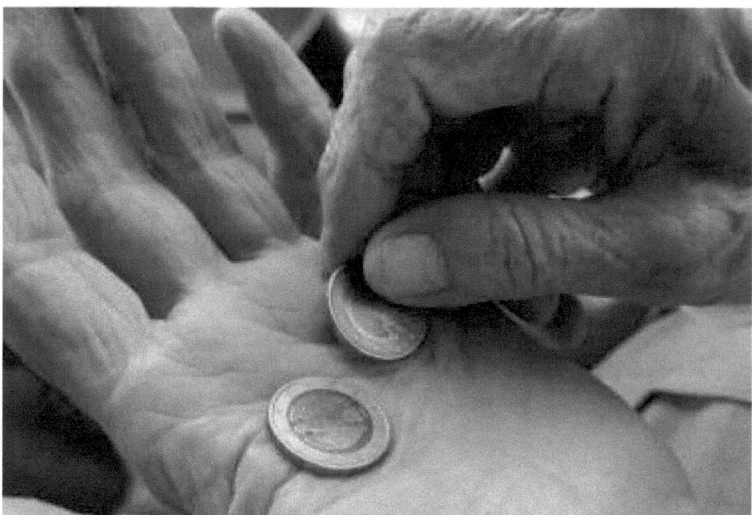

Beim Umstieg auf die Witwenrente müssen viele Witwen und Witwer jeden Euro zweimal rumdrehen. Gerade bei einem frühen Tod des Partners. (Bild: cc0 pixabay)

Lösungsvorschlag:

Wenn jemand früh stirbt und eine Witwe/Witwer hinterlässt, sollte bei niedriger Rente des hinterbliebenen Partners ein höherer Satz als Witwenrente ausgezahlt werden, wenn die Ehe lange gedauert hat. Dies sollte mindestens für alle die gelten, die mind. 20 Jahre verheiratet waren und wo die eigene Rente der Hinterbliebenen unter 50% der früheren Rente des Verstorbenen liegt. In diesen Fällen ist davon auszugehen, dass sich der Hinterbliebene lange um die Kindererziehung und/oder Haushalt gekümmert hat. Durch einen frühen Tod des Partners fällt derjenige sonst in ein tiefes wirtschaftliches Loch, obwohl der Verstorbene mehrere Jahrzehnte in die Rentenversicherung eingezahlt hat.

Es ist ohnehin schon ungerecht, dass die „große" Witwenrente in jüngster Vergangenheit von 60% auf 55% gekürzt worden ist.

18. Rente reicht trotz Arbeit nicht zum Leben

Menschen, die ein ganzes Leben Vollzeit arbeiten gehen, sollten im Alter eine Rente bekommen, die zum Leben ausreicht. Dadurch, dass man aber Beschäftigungsverhältnisse zulässt, die mit nur geringem Verdienst versehen sind und daraus dann auch nur geringe Rentenansprüche erwachsen, lässt sich jetzt schon vorhersehen, dass auch zukünftig viele Rentner in Altersarmut leben und auf zusätzliche Geldflüsse angewiesen sind (Hartz4 oder ähnlich).

Diesen Menschen nützt es auch nichts, wenn man während des Erwerbslebens den Rat gibt, noch zusätzliche Sparverträge privat zu besparen, weil diesen Menschen schlichtweg das Geld dazu fehlt, aus dem Nettogehalt auch noch etwas anzusparen. Die unteren Einkommensschichten sind froh, wenn sie gerade Miete und Lebensmittel gedeckt bekommen und müssen schon an Kleidung, Brille, Kultur etc. sparen. Selbst Zahnersatz sitzt oft nicht mehr dran. Immer mehr Menschen haben auch in der vorderen Reihe fehlende Zähne, weil die Zuzahlung aus dem geringen Netto nicht mehr gestemmt werden kann.

Und die die monatlich sparen können, werden viel weniger Zinsen oder Erträge auf ihr Erspartes bekommen, als der Versicherungsmakler oder Bankberater kalkuliert hat, weil seit Jahren schon Nullzinsen oder sogar Minuszinsen auf Spareinlagen, Festgelder etc. berechnet werden. D.h. diejenigen, die sparen, werden noch einmal enteignet, da die Inflation jedes Jahr größer ist als der Sparzins. Immer mehr Rentner gehen daher schon im Rentenalter Flaschensammeln und durchwühlen Mülleimer auf Pfandflaschen, um sich ihre Rente aufzubessern. Während man das früher von Wohnungslosen/Obdachlosen gewohnt war, müssen nunmehr auch Langzeitarbeitslose und Rentner oder auch Erwerbsunfähige zu diesen Maßnahmen greifen, weil sonst schlichtweg das Überleben nicht mehr nötig ist. In Darmstadt haben wir einen Rentner getroffen, der Flaschen sammelte und angab, er müsse das machen, weil er sonst nur 7x in der Woche Nudeln essen kann. Er möchte wenigstens ab und zu ein Stück Fleisch und Bohnenkaffee. Er erinnerte sich an die Nachkriegszeit, als er auch mit Ersatzkaffee aus Getreide Vorlieb nehmen musste und es Bohnenkaffee nur an Sonn- und Feiertagen gab. Wir finden: DAS IST UNGERECHT und unter der Menschenwürde. Und nur, weil Bundestagsabgeordnete über 8000 Euro im Monat verdienen, können sie sich offensichtlich nicht in die Armut solcher Leute hineinversetzen.

Es kann doch nicht sein, dass deutsche Rentner, die jahrelang gearbeitet haben, auch Flaschen aus dem Müll sammeln müssen, um überleben zu können – solche Bilder kannte man vor 10 Jahren nur aus Slums in Asien oder Südamerika.

Lösungsvorschlag:

Wer das ganze Leben gearbeitet hat und auf eine Erwerbsbiografie von mindestens 40 Arbeitsjahren zurückblicken kann, der sollte im Alter auch von seiner Rente leben können. Ggf. ist hier eine Mindestrente unbürokratisch einzuführen. Hier mag man sich darüber streiten, ob dies unabhängig von der Rente/dem Einkommen des Ehepartners ist, aber man sollte das Problem lösen.

Überdies muss man etwas tun, um das Entstehen des Problems in der Zukunft zu verhindern: Dazu müssen die Löhne und Gehälter deutlich höher werden, damit die Miete bei vielen nicht schon 2/3 des Nettolohns ausmacht. Es müssen mehr Immobilien gebaut werden, damit die Mieten weniger stark steigen und es muss wieder Zinsen auf gespartes Geld geben. Alles bekannte Zusammenhänge: Viele reden davon und, dass man das ändern müsse, aber es wird nichts geändert. Von kleineren kosmetischen Korrekturen abgesehen. Wer sich am Bahnhof einer deutschen Großstadt auch nur 60 Minuten aufhält, wird immer einem Rentner begegnen, der die Mülleimer durchwühlt. Das muss aufhören.

19. Obdachlose tags draußen, Asylanten im Warmen

In den letzten Jahre kamen zahlreiche Menschen aus ärmeren Ländern nach Deutschland. Teilweise weil in den Herkunftsstaaten Krieg herrschte, sie verfolgt worden sind oder auch nur, weil sie wollten, dass es ihnen wirtschaftlich besser geht oder wenigstens menschenwürdiger. In der Bevölkerung werden diese Menschen manchmal Geflüchtete, Flüchtlinge oder Asylanten genannt. Wie man sie auch immer nennt: Die Deutschen haben sich um sie gekümmert, schnell wurden Unterkünfte organisiert, manchmal in Containern, manchmal in Bestandsgebäuden, manchmal wurden sogar Gebäude neu errichtet. Es wurde für Kleidung und Essen gesorgt. Teilweise mit Catering, welches 3x am Tag gereicht wurde. Die Wohlstandsgesellschaft in Deutschland hat das ausgehalten. Gut, dass wir uns um diese Menschen gekümmert haben.

Aber: Die Sorge um diese Menschen wirft natürlich auch Fragen auf: In Freiburg (im Breisgau) z.B. gab es im Winter für Obdachlose (gleich welcher Herkunft, oft Deutsche) für die Nächte eigentlich genug Schlafplätze, auch wenn die Verhältnisse dort häufig kritisiert worden sind, aber tagsüber hat man die Obdachlosen aus den Unterkünften vertrieben. Diese wurden teilweise tagsüber geschlossen und man schickte die Obdachlosen wieder auf die Straßen. Es wäre ja kein Wohnungsersatz, sondern nur eine Notschlafstelle.

Der Asylant aus Afrika, der im Zweifel noch nie in deutsche Sozialsysteme eingezahlt hatte, lag in der gleichen Zeit in seiner Asylantenunterkunft auf einer weichen, vom deutschen Steuerzahler bezahlten Matratze und spielte im warmen Zimmer auf seinem Smartphone Spiele. Während der deutsche Obdachlose, der durch Krankheit und/oder Arbeitslosigkeit aus seinem geregelten Steuerzahlerleben in die Obdachlosigkeit gerutscht ist, den Tag zu Fuß durch die Stadt wandernd verbringen durfte. Gerne auch bei null Grad Außentemperatur oder im Regen. Hier kamen nicht nur bei Flüchtlings-kritischen Menschen Fragen auf. Auch Menschen, die nicht der AfD oder anderen eher rechtsorientierten Parteien nahestanden, stellten ein solches Verhalten in Frage.

Der einheimische Obdachlose muss tagsüber aus der Obdachlosen-Notunterkunft, - der Asylbewerber aus fernen Ländern liegt im Warmen auf seinem Sofa und schaut Fernsehen. So geschehen in vielen deutschen Städten, so z.b. auch in Freiburg im Breisgau

Lösungsvorschlag:

Mindestens im Winter muss es auch für Obdachlose eine Möglichkeit geben, dass diese tagsüber dauerhaft im Warmen sind. Man kann dies an Bedingungen knüpfen, wie z.b. kein Alkoholkonsum oder andere Voraussetzungen. Aber deutsche Wohnungslose tagsüber zum Herumstreunen zu schicken, während der Geflüchtete im Warmen sitzt und Fernsehen schaut, - das wird auch in Zukunft für Fragen in der Gesellschaft sorgen. Es kann doch nicht sein, dass wir aus lauter Nächstenliebe für den Fremden den Nächsten vergessen. Armut und Wohnungslosigkeit sind im Regelfall keine selbstgewählten Schicksale. Man sollte nicht erst zu Fuß durch Griechenland bis Deutschland gelaufen sein, um hier Hilfe zu bekommen. Dies muss auch für „Bestandsbürger" Deutschlands, gleich welcher Nationalität gelten. Hilfe zur Selbsthilfe, Hilfe zum Neustart. Aber kein Scheuchen auf die Straße zum Herumstreunen wie ein Hund.

20. Brauchen Lehrer 12 Wochen bezahlten Urlaub?

Es ist ein seit Jahrzehnten existierender Running Gag: „Lehrer haben vormittags recht und nachmittags frei – und das bei 12 Wochen Urlaub im Jahr". Fragt man Lehrer, verweisen diese immer auf gelegentlichen Nachmittagsunterricht und die Notwendigkeit, den Unterricht auch vor- und nachzubereiten. Überdies sei in den Schulferien immer ein Haufen an Klausuren etc. zu kontrollieren, für die man mindestens eine Stunde pro Klausur brauche.

Fragt man aber Lehrer im Bekanntenkreis, so wird häufig das Vorurteil bestätigt. Natürlich gibt es immer wieder auch Nachmittagsunterreicht, was vor allen Dingen an G8-Gymnasien der Fall war, sonst aber eher von untergeordneter Bedeutung ist.

Klausuren und Arbeiten in einigen Fächern wiederholen sich von Jahr zu Jahr und sind im Regelfall in deutlich weniger als 1h pro Klausur kontrolliert. In den Ferien finden auch nur vereinzelt Anwesenheiten in der Schule statt – z.b. für die Stundenplanerstellung etc. Tatsächlich haben man ja ca. 12 Wochen Ferien im Jahr und zusätzlich mehrere Nachmittage in der Woche unterrichtsfrei. Zeit an unterrichtsfreien Tagen könne man sich selbst frei einteilen. Man könne ins Strandbad gehen, sich ins Straßencafé setzen oder auf dem Balkon die Arbeiten korrigieren. Kaum ein Schüler klagt aber nicht über wochenlange Korrekturzeiten, was aber auf Befragen bekannter Lehrer nicht daran liegt, dass das Korrigieren so lange dauert, sondern daran, dass mit dem Korrigieren so spät angefangen wird und einige Lehrer dies immer vor sich herschieben, weil dann wirklich mal 1-2 Nachmittage in der Woche für das Korrigieren blockiert werden müssten.

Lehrer sind überdies zumeist Beamte mit 30 Tagen Urlaubsanspruch (der allerdings mit den Schulferien abgegolten ist - §3 Urlaubsverordnung)

Lehrer werden aber das ganze Jahr – auch während der 12 Wochen Urlaub bezahlt. Die meisten anderen Arbeitnehmer haben in Deutschland i.d.R. maximal 6 Wochen Urlaub.

Wir finden: DAS IST UNGERECHT.

„Lehrer haben doppelt so viel Urlaub im Jahr und arbeiten dazwischen nur halbtags" lautet das Vorurteil. So falsch ist das gar nicht.

Lösungsvorschlag:

Wenn Lehrer schon in den 12 Wochen unterrichtsfreier Zeit voll bezahlt werden, dann kann man sie mindestens in einem Teil dieser Zeit auch beschäftigen: Lehrer sollten in 2 von 6 Sommerferienwochen zur Arbeit in anderen Projekten herangezogen werden, z.B.

- Sprachunterricht / anderer Unterricht für Geflüchtete
- Nachhilfe-/Wiederholungsunterricht für die schwächsten Schüler der Klasse/Jahrgangsstufe, damit diese beim

Neustart der nächsten Klasse/Jahrgangsstufe nicht noch mehr hinterher hinken

- Angebote an Lerngruppen für lernschwache Kinder der Schule
- Arbeiten in gemeinnützigen Projekten, wie z.b. der Tafel, Obdachlosenprojekten etc.

Alternativ könnte man auch bundesweit die Sommerferien auf 4 Wochen verkürzen, womit automatisch die Lehrer mehr arbeiten würden und die Schüler mehr Zeit hätten, den Stoff zu lernen.

21. Kostenlose Drogen für Drogenabhängige?

Menschen, die von Drogen wie Heroin abhängig geworden sind, erhalten in Deutschland, wenn sie auf den richtigen Arzt treffen, ihre Drogen weiterhin kostenlos und zwar in Form von Methadon. Damit soll die Beschaffungskriminalität der Drogenabhängigen beendet werden, die sonst oft den ganzen Tag kleinere Diebstähle begangen haben, um sich wieder den „nächsten Schuss" kaufen zu können. Überdies soll so gewährleistet werden, dass mit Methadon (oder anderen Substituten) nur „saubere" Drogen zu sich genommen werden.

Das Methadon wird dem Drogenabhängigen i.d.R. von der Krankenkasse bezahlt. Private Krankenkassen haben bereits erfolgreich dagegen geklagt und argumentieren, dass eine Heroinabhängigkeit eine „auf Vorsatz beruhende Krankheit" sei, die nicht zum Leistungsumfang der Privaten Krankenversicherung gehöre (LG Nürnberg-Fürth, 8 O 2170/07).

Neben Methadon gibt es zahlreiche andere Substitute, die auf Krankenkassenkosten (gesetzliche Krankenkasse) verabreicht werden. Alle haben eins gemeinsam: Die Hoffnung, dass die Gabe von Methadon über kurz oder lang zur Drogenfreiheit führt, hat sich nur bei einem verschwindend kleinen Prozentsatz erfüllt. Weil die Krankenkasse sich aber durch die Substitution die viel teureren Entzugstherapien sparen, die häufig auch wiederholt werden müssen, bezahlen sie gerne Methadon.

Einer der Autoren hat jahrelang gegenüber einer Arztpraxis für Methadonpatienten gelebt: Über Jahre morgens immer dieselben Gesichter, die sich ihr Methadon holen und anschließend häufig im Straßencafé frühstückten. Drogen von der Kasse finanzieren lassen und dann auf Hartz4-Kosten frühstücken. Ein schönes Leben ist das sicher nicht, aber es wirft Fragen auf.

Die Erwartungen nach Einführung und Legalisierung der Substitutionstherapie im Jahr 1993 haben sich zum größten Teil nicht erfüllt. Methadon ist auch kein billiger Spaß: Der Apothekenverkaufspreis für Methaliq 10mg/ml 100 ml beträgt 23,55 Euro. Bei der in der Regel täglichen Einnahme ein teures Vergnügen für die Krankenkasse. Und ein Lukratives hinzu: Der Einkaufspreis beträgt 10,95 Euro. Auf dem Rücken der Süchtigen wird Geld verdient.

Im Grunde nach finanziert die Krankenkasse und damit die Allgemeinheit dem Drogenabhängigen seine Sucht. Während wir uns unsere Zigaretten oder unseren Gin Tonic selbst zahlen müssen. Wir finden: DAS IST UNGERECHT.

Auch im Gefängnis bekommt der Großteil der Drogenabhängigen Methadon umsonst. Jeden Tag. Teilweise zweimal am Tag. Das zeigt die Krankheit des Systems. Statt die Abhängigkeit zu bekämpfen oder zu therapieren, wird sie bezahlt.

In Deutschland waren im Jahr 2018 insgesamt 78.800 Substitutionspatienten gemeldet. Im Jahr 2002 waren es noch „nur" 46.000. Gestorben an Drogen sind im Jahr 2018 „nur" 1276 Abhängige, wenngleich jeder einzelne einer zu viel ist.

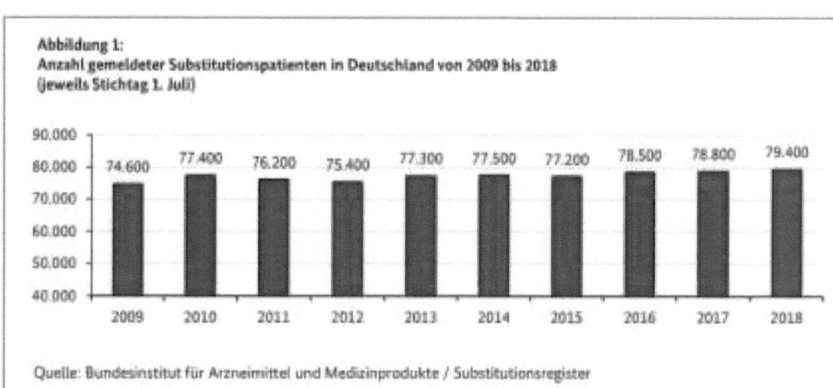

Abbildung 1:
Anzahl gemeldeter Substitutionspatienten in Deutschland von 2009 bis 2018
(jeweils Stichtag 1. Juli)

Quelle: Bundesinstitut für Arzneimittel und Medizinprodukte / Substitutionsregister

Lösungsvorschlag:

Methadonkranke brauchen keine Drogen auf Rezept. Auch keine, die sauberer sind und länger anhalten, sondern eine Entzugstherapie. Es muss der Bau und Betrieb funktionierender Entziehungskliniken vorangetrieben werden – mit ausreichend qualifizierten Ärzten. Seit Jahrzehnten gibt es dort zu wenig Entzugsplätze in solchen Kliniken und zu wenig Kliniken. Optimalerweise gliedert man das an staatliche Einrichtungen an, da private Kliniken ansonsten die ökonomische Tendenz haben könnten, die Auslastung dadurch zu erhöhen, indem man möglichst lange braucht oder Patienten wiederholt behandelt.

Jede noch so lange dauernde vernünftige Entzugstherapie ist für den Patienten besser als die Substitution. Allerdings muss dies nach dem Entzug auch begleitet werden: Lebt der Patient in seinem Umfeld mit lauter Drogenabhängigen weiter, ist die Wahrscheinlichkeit groß, dass er wieder rückfällig wird.

Drogenabhängige müssen therapiert werden und wieder einen Sinn im Leben sehen. Dazu gehört Wohnung und Arbeit. Nicht: Fallenlassen. Eine Gesellschaft erkannt man daran, wie sie mit den Schwächsten umgeht. Den Drogenabhängigen drogenabhängig sein zu lassen, um ihm nur die Drogen zu finanzieren, ist keine Lösung.

Wer zu einer Gefängnisstrafe verurteilt wird und drogenabhängig ist, sollte zukünftig zunächst in eines der bereits vorhandenen Gefängniskrankenhäuser zur Entzugstherapie. Nach Entzug kommt er dann in ein normales Gefängnis.

Es kann doch nicht angehen, dass so manchem Kranken die Physiotherapie verweigert wird, aber Drogenabhängige die Drogen von der Kasse bezahlt bekommen. Hier hängt etwas schief.

Demnächst bekommen sonst Sexsüchtige einmal täglich einen Bordellbesuch bezahlt.

22. Staat behält Kautionen länger als es ihm zusteht

Menschen, die in die Verlegenheit kommen, dem Staat/Land eine Kaution zahlen zu müssen, warten oft über Gebühr lange, bis diese zurückgezahlt wird. Auch, wenn die Rechtsgrundlage dafür schon längst weggefallen ist. Wer in Deutschland in Untersuchungshaft genommen wird, kann oft wieder auf freien Fuß kommen, wenn er sich verpflichtet, in einer bestimmten Frequenz Meldeauflagen bei der Polizei nachzukommen und/oder eine Kaution stellt. Eine Kaution, die so hoch ist, dass eine Flucht oder ein Absetzen unmöglich ist.

Nur: Nicht alle, die in Untersuchungshaft kommen, sind auch Terroristen, Mörder oder Vergewaltiger. Untersuchungshaft kann auch gegen den Bürgermeister verhängt werden, dem vorgeworfen wird, korrupt zu sein, weil seine Partei von einem Bauträger Spenden entgegengenommen hat. Oder gegen den Geschäftsführer einer GmbH, die Insolvenz anmelden musste. Wie dem auch sei: In solchen Fällen wird in der Regel eine Kaution im fünf- oder sechsstelligen Bereich gestellt und der Betroffene kommt wieder auf freien Fuß. Bis zum Prozess. Wird nun der Untersuchungshaftbefehl ganz aufgehoben oder stellt sich im Prozess die Unschuld heraus, hat der Betroffene einen Anspruch, die Kaution wieder zurück zu bekommen. Hier muss man aber nicht glauben, dass dies sofort passiert. Hier mahlen die Mühlen langsam. Anwälte berichten uns von teilweise monatelangen Verfahren, bis das Geld wieder zurückerstattet wird. Obwohl der Rechtsanspruch darauf schon lange besteht. Gerade zu Unrecht Inhaftierte verlieren durch die Haft und/oder den Prozess oft den Job und auch viel Geld und sind häufig auf die schnelle Rückzahlung der Kaution angewiesen. Kommt aber nicht. Der Staat sitzt einfach auf dem Geld und lässt es gemütlich angehen.
Wir finden: DAS IST UNGERECHT!

Gerade, wenn es um viel Geld geht, bleibt der Staat schon einmal länger auf Kautionen sitzen, als es eigentlich erforderlich wäre. Oft gar nicht böser Wille, sondern langsame Behördenprozesse.

Lösungsvorschlag:
Es müsste in eine Verordnung eine Zahlfrist aufgenommen werden: Wer ein entsprechendes Urteil oder die erforderlichen Belege zur Rückzahlung einreicht, muss innerhalb von 14 Tagen sein Geld wieder auf dem Konto haben.

Das soll wenigstens in den Fällen gelten, wo die Kaution wieder auf genau das Konto zurück überwiesen wird, von dem sie gekommen ist.

23. Hausfrauen sind immer noch benachteiligt

Trotz aller Emanzipation ist in vielen Mann-Frau-Beziehungen oft noch die Frau derjenige Teil des Ehepaares, die häufig zuhause bleibt, während der Mann morgens aus dem Haus geht und „zur Arbeit" geht. Deswegen formulieren wir: „Hausfrauen werden immer noch benachteiligt", obwohl das natürlich auch in anderen Konstellationen und Beziehungsvarianten gilt.

Häufig ist es aber auch heute noch so, dass der Mann ganztags extern arbeitet und die Frau dies nur in Teilzeit macht, aber von ihr dann erwartet wird, dass sie die komplette Hausarbeit oder nahezu die komplette Hausarbeit zuhause macht plus die Kindererziehung tagsüber.

Das ist erstens ungerecht, weil es sich fast um einen 24h-Job handelt und zweitens, weil die Frauen (oder Daheimbleibenden) später bei der Rente deutlich benachteiligt sind. Wohl wurde die Anrechnung von Kindererziehungszeiten beim Rentenbezug verbessert, aber Leute, die sich darum kümmern, dass die Kinder gescheit groß werden und nachmittags die Hausaufgaben kontrollieren und die Kinder beim Großwerden begleiten, sind bei der Rente gekniffen. Oft sind es Frauen. Sie arbeiten vormittags in einem Bürojob, dürfen mittags noch zuhause kochen, nachmittags die Hausaufgabenerledigung der Kinder begleiten und mit ihnen zum Arzt oder Musikschule fahren, um dann abends noch das Abendessen zu machen und zwischendurch noch zu saugen und zu putzen, um dann noch etwas zu bügeln. Dieses Rollenverständnis gibt es leider immer noch in vielen Ehen und Beziehungen. Nicht nur in denen, in denen beide Ehepartner über 75 sind.

Die Frau ist dabei oft der drastisch benachteiligte Partner, hat deutlich mehr Arbeit, wofür sie bei der Hausarbeit und Erziehung nicht bezahlt wird…und bekommt dafür später noch weniger Rente.

Wir finden: DAS IST UNGERECHT

Auch wenn im Haushalt heute zahlreiche Maschinen die Arbeit erleichtern, führt faktisch in vielen Familien immer noch die Hausfrauen-Arbeit zur Doppelbelastung der Frau und Benachteiligung dieser. Das ist unzeitgemäß und ungerecht.

Lösungsvorschlag:
Wer in diesem Land Kinder in die Welt setzt, müsste deutlich mehr Vergünstigungen erfahren. Zunächst muss der Kinderfreibetrag deutlich erhöht werden, um mindestens 50%, wovon aber jemand, der nicht arbeitet, gar nichts hat. Überdies müssten Kindererziehungszeiten für jemanden, der wegen der Kinder zuhause bleibt, in der Rente mindestens so angerechnet werden, wie ein durchschnittliches Einkommen im Berufsleben. Und zwar für mindestens 12-14 Jahre. Erst dann kann man ja sinnvollerweise Kinder auch mal allein zuhause lassen. Wer Kinder in die Welt setzt und damit dafür sorgt, dass die Rentenversicherung später weitere Beitragszahler hat, sollte dafür auch belohnt werden. Sonst wird es immer weniger Menschen geben, die Lust auf Kinder haben, womit die Rente immer unsicherer werden würde.

24. Nahtlosregelung wird umgangen

Öffentliche Institutionen, die Gelder auszahlen sollen, haben oft den Ehrgeiz, dies möglichst nicht zu tun. Und wenn es die Institution nicht will, wollen es manchmal die Menschen, die dort arbeiten. So sucht so mancher Mitarbeiter in der Arbeitsagentur (früher Arbeitsamt) zu verhindern, dass er leisten muss und gleiches macht die Rentenversicherung. Auf Nachfrage wird das natürlich bestritten, aber faktisch kommt dies vor.

Besonders häufig kommt das vor, wenn Leute krank werden: Wenn jemand krank wird und einen Erwerbsunfähigkeitsantrag stellt – während er arbeitslos, bzw. arbeitsuchend ist, argumentiert die Arbeitsagentur, dass man ja gar nicht arbeiten könne, weil man ja krank ist und stellt die Leistungen ein. Man verweist dann gerne auf die Rentenversicherungsanstalt, wo man doch einen Erwerbsunfähigkeitsantrag stellen möge.

Das macht derjenige, der schon lange krank ist, dann auch und trifft dort auf Menschen, die ihm klären, dass er gar nicht krank ist und arbeiten könne, weswegen die Arbeitsagentur zuständig sei. Eine Art Ping-Pong-Spiel. Jede Behörde zeigt auf die jeweils andere Behörde und verweist auf deren Zuständigkeit. Immer hin und her. Keiner will zahlen.

Das haben auch die Politiker nach zahlreichen Beschwerden erkannt und haben versucht das zu ändern: Es wurde die sogenannte „Nahtlosregelung" eingeführt (§145 SGB III): Verkürzt besagt sie, dass wenn ein kranker Arbeitsloser einen Erwerbsminderungsrentenantrag gestellt hat, soll die Arbeitsagentur nicht mehr argumentieren können, dass derjenige ja gar nicht arbeitsfähig ist, sondern ihm einfach bis zu einem Entscheid der Rentenversicherung weiter das Arbeitslosengeld zahlen. Weil der Betroffene ansonsten leer ausgeht und von der einen Institution für krank und von der anderen für gesund erklärt wird, mit dem Ergebnis, von beiden kein Geld zu bekommen.

Theoretisch ist diese Nahtlosregelung eine praktische Erfindung – sie arbeitet mit einer „Fiktion" der Arbeitsfähigkeit. Praktisch heben Arbeitsagenturen diese Regelung aber immer wieder aus und wollen nicht zahlen, weil man doch krank sei.

Einige Arbeitsagenturen stellen auch die Zahlung nach einem ersten Entscheid der Rentenversicherung ein, obwohl es Gerichtsurteile gibt, dass dies erst bei endgültiger Entscheidung (also ggf. in nächster Instanz) geschehen darf. Umständliche und lange Rechtsprozesse müssen so geführt werden.

Wir finden: DAS IST UNGERECHT. Jemand der krank oder erwerbsunfähig ist, ist sowieso schon gestraft genug. Ihn dann noch zum Spielball zwischen den Behörden zu machen und Gesundheitszustände so zu definieren, wie es einem passt, ist ein Unding. Zumal „ärztliche Begutachtungen" bei der Arbeitsagentur oftmals nach Aktenlage geschehen, ohne dass ein Arzt der Arbeitsagentur überhaupt den Antragsteller gesehen hat.

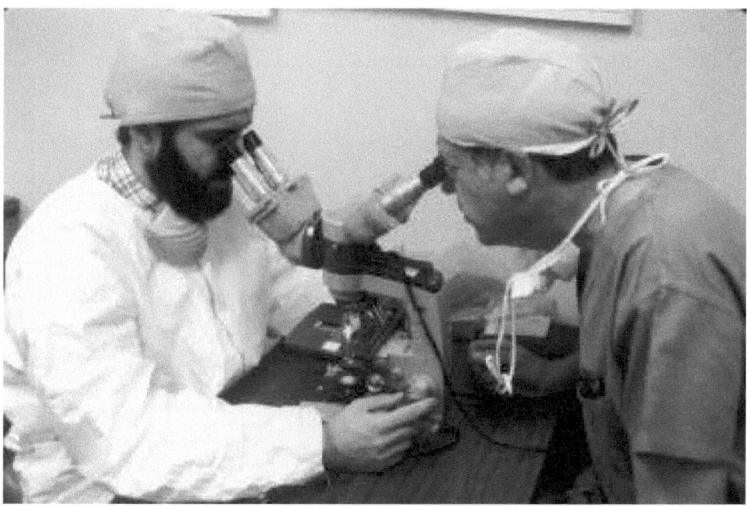

Die medizinischen Gutachter von Arbeitsagentur/Jobcenter und Rentenversicherung schieben sich gerne gegenseitig den schwarzen Peter zu. Die einen wollen nicht zahlen, weil der Kunde nicht arbeitsfähig ist und die anderen erklären ihn für arbeitsfähig, weil sie ihn nicht verrenten wollen. Eine Nahtlosregelung, die dies umgehen soll, wird oft umgangen.

Lösungsvorschlag:

Die Nahtlosregelung muss genauso gelebt werden, wie sie auch angedacht ist: Wer während der Arbeitslosigkeit einen Erwerbsminderungsrentenantrag stellt, der nicht offensichtlich völlig unbegründet ist, muss das Arbeitslosengeld solange beziehen, bis über den Antrag bei der Rentenversicherung entschieden ist. Ansonsten wird der Patient zum Spielball zwischen Rentenversicherung, Arbeitslosenversicherung und Krankenkasse, wo er vorher i.d.R. schon ausgesteuert wurde. Der Bürger hat es nicht zu verschulden, dass die Bearbeitung solcher Anträge bei der Rentenversicherung oft sehr lange Bearbeitungszeiten haben. Auf Nachfrage zu konkreten Fällen antworten Rentenversicherung gerne auch mit äußerst fragwürdigen Begründungen wie „außerordentliche Grippewelle in der Belegschaft" oder ähnlich unglaubwürdigen Argumentationen. Entweder ist die Rentenversicherung unorganisiert oder unterbesetzt. Beides kann man ändern.

25.   Allgemeinheit zahlt für un- eheliche Kinder

Kinder sind etwas Wunderbares. Für viele Eltern sind die Geburt und das Aufwachsen der Kinder im eigenen Haushalt etwas ganz großartiges, auch wenn das Großziehen von Kindern natürlich Geld kostet. Nun gibt es aber Mütter, die in einer dunklen Nacht jemanden kennenlernen, woraus dann später ein Kind entsteht. Wenn dann der Erzeuger schon vor dem Frühstück das Weite sucht und im nüchternen Zustand die Entscheidung trifft, zukünftig lieber nicht mit der Frau des One-Night-Stands zusammen zu sein, mag das bedauerlich sein, aber hier hat die moderne Gesellschaft in Deutschland ein Versorgungssystem geschaffen, welches die alleinerziehende Mutter zwar nicht Luftsprünge machen lässt, aber sie nicht ganz im Regen stehen lässt. Und das ist gut so, denn Kinder sind etwas Wunderbares und zudem auch gut für die Gesellschaft. Zumindest dann, wenn sie später Arbeiten gehen und so die Rente im Umlagesystem sichern.

Aber dann gibt es da noch die anderen: die bekommen ein Kind und geben „dem Amt" gegenüber an, nicht zu wissen, wer der Vater ist und dass sie auch nicht wissen, wie die möglichen Kandidaten heißen. Das führt dann dazu, dass Behörden Finanzmittel zur Verfügung stellen, z.b. einen nicht von der Mutter rückzahlbaren Unterhaltsvorschuss. In einer nicht zu vernachlässigenden Zahl von Fällen kennt die Mutter aber den Vater und wohnt sogar mit ihm zusammen oder verkehrt regelmäßig mit ihm. Uns ist hier z.B. auch ein Fall bekannt, wo Behörden in 18 Jahren exakt einmal bei der Mutter zuhause geklingelt haben, um sich zu überzeugen, ob sie denn wirklich allein lebt, oder ob zwei Zahnbürsten im Bad stehen. Das war der Zeitpunkt, wo der Vater zur Gartentür herauslief und auf einen Baum kletterte. Bis die freundlichen Damen vom Amt wieder weg waren. Ihr Kreuzchen auf einem Formular gemacht haben und fortan weiter die finanziellen Leistungen bewilligt haben. Vater und Mutter gehen regelmäßig mit dem Sprössling spazieren. Es interessiert niemanden. Somit kann Papa mehr Geld für die Shisha ausgeben oder lecker Essen gehen, weil der Staat ja für das Kind bezahlt.

Jugendämter zahlen Unterhaltsvorschuss z.B. wie folgt aus (Stand 1.2019):

- Bis zum 6. Geburtstag: 160 Euro monatlich
- Bis zum 12. Geburtstag 221 Euro monatlich
- Bis zum 18. Geburtstag 282 Euro monatlich

Von diesen Beträgen wird man nicht reich, aber man erhält sie zusätzlich zum Kindergeld, wenn man verschweigt, wer der Vater ist. Versteht sich von selbst, dass man für solche Kinder natürlich auch Hartz4, bzw. Sozialgeld für das Kind beantragen kann.

In Deutschland wurden z.B. im Jahr 2018 für über 300.000 Kinder im Alter zwischen 6 und 11 Jahren Unterhaltsvorschüsse von staatlichen Kassen gezahlt. Und dazu noch für Ältere und Jüngere. Das macht Sorge.

Rechtlich kann der nichtzahlende Vater nur für die Zeiträume der Vergangenheit in Regress genommen werden, wo man ihm nachweisen kann, dass er Kenntnis über den Unterhaltsvorschuss oder dessen Beantragung hatte. Im Zweifel wird der Vater sagen „Habe ich nicht gewusst".

Die Rückholquoten der Jugendämter lagen in den letzten Jahren im Schnitt bei 19%, wobei man in Bayern und Baden-Württemberg auch Rückholquoten von 25 bis 30% erreicht. In Bremen hingegen wurden zuletzt nur rund 10% wieder zurückgeholt.

Wir finden, es ist UNGERECHT, wenn Väter sich um den Unterhalt drücken, indem Mutter und Vater die Vatereigenschaft gegenüber den Behörden verneinen und somit alle Steuerzahler belasten.

Alleinerziehende muss man unterstützen, allein schon wegen der Kinder, die ja nichts dafürkönnen, dass sich Mama und Papa getrennt haben. Wenn aber ein Elternteil böswillig verschwiegen wird, um Gelder von der Allgemeinheit zu erhalten, muss dies sorgfältig geprüft werden.

Lösungsvorschlag:

Natürlich ist es gut, wenn der Staat bei nicht leistungsfähigem Vater unterstützt. Aber es nicht gut, wenn sich ein leistungsfähiger Vater drückt. Deshalb gibt es zwei erforderliche Maßnahmen:

a) Wenn der Vater (angeblich) unbekannt ist, muss die Mutter jährlich mehrmals mit Kontrollbesuchen rechnen, zudem müssen auch Internetrecherchen angestellt werden. Manchmal sind solche Menschen ja so dreist, dass Familienbilder mit Vater, Mutter Kind in Facebook geteilt werden, vom Geburtstag, Weihnachten oder dem Familienurlaub. Hübsche Ansatzpunkt für Ermittlungen. Aber auch ohne Social Media muss immer wieder mal ein Kontrollbesuch stattfinden, ob man wirklich allein lebt, oder doch jemand in der Wohnung anwesend ist, der der Vater sein könnte.

b) Wenn der Vater bekannt ist, aber angibt, nicht leistungsfähig zu sein, muss das vom Jugendamt eng getrackt werden. Bayern und Baden-Württemberg zeigen, wo es lang geht. Es sind Arbeitsgruppen der Länder zu bilden, wo Erfahrungen aus Bayern und Baden-Württemberg an die anderen Bundesländer weitergegeben werden. Hartnäckiges Nachhaken bis hin zur Vermögensauskunft und Schufaauskunft müssen sich Väter, die angeben, nicht zahlen zu können, gefallen lassen. Und wenn die Dame auch beim Vater, der nicht zahlen kann, mal 1-2x im Jahr klingelt und fragt, ob es was Neues gibt, wird es auch Väter geben, die das auf Dauer doof finden und doch einen Dauerauftrag einrichten.

26. Berufsunfähigkeitsversicherungen zahlen nicht

Ein jeder Deutscher hat in seinem Bekanntenkreis jemanden, der es nicht geschafft hat, bis zum 60.Lebensjahr zu arbeiten oder gar bis zum 67., weil derjenige vorher krank oder berufsunfähig geworden ist. Gottseidank kann man sich dagegen versichern, denken sich viele und schließen dagegen eine Berufsunfähigkeitsversicherung ab. Und zahlen und zahlen und zahlen. Jeden Monat. Monat für Monat über viele Jahre. Bis sie dann tatsächlich ungewollt berufsunfähig werden. Burnout und Depressionen oder in der Schreinerei die Hand verloren oder nach einem Autounfall ganz steif geworden oder oder oder.

Wer dann allerdings glaubt, er ruft seinen Versicherungsvertreter an und der richtet einen Dauerauftrag ein, der hat sich geirrt. Denn jetzt fängt die Berufsunfähigkeitsversicherung erst einmal an, richtig zu arbeiten und legt alles daran, zu prüfen, ob man nicht eine Zahlung doch noch vermeiden könne. Jahrelange Verfahren und Prozesse sind die Folge. Da hat schon so mach Versicherungskunde aufgegeben, weil er entweder krankheitsbedingt keine Kraft mehr hatte oder kein Geld, um den Rechtsstreit zu finanzieren. Merke: Wer eine Berufsunfähigkeitsversicherung abschließt, sollte auch gleich eine Rechtsschutzversicherung abschließen. Aber bei einem anderen Konzern.

Was prüft die Versicherung als Erstes im Schadensfall: Sie prüft, ob eine Verletzung der vorvertraglichen Antragspflicht vorliegt. Wer die BU-Versicherung beantragt, muss in der Regel einen mehrseitigen Bogen ausfüllen und zahlreiche Fragen beantworten. Wann man bei welchem Arzt war und was für Beschwerden medizinischer Art man die letzten 5 Jahre hatte.
Stellt man später einen Antrag auf Leistung, so findet die Versicherung heraus, bei welchen Ärzten man war und schickt denen allen einen netten Brief mit der Bitte, die komplette Patientenakte doch kurz zu übermitteln. Natürlich nicht ohne ihr Einverständ-

nis dafür vorher einzuholen – unter Hinweis auf Ihre Mitwirkungspflicht.

Und wenn sich dann in einer Arzt-Akte ein Bericht über das Aufsuchen des Arztes wegen Kopfschmerzen oder Hustens findet, den sie nicht im Antrag angegeben haben, so schreibt Ihnen die Versicherung einen weiteren netten Brief, dass man unter den Umständen den Vertrag natürlich nicht fortsetzen kann, ihn auflöst, die Beiträge behält, natürlich keine Rente zahlt, weil man ja betrogen wurde und tschüss…

Hier muss man dann in langwierigen Prozessen vor dem Landgericht herumstreiten, warum sie vielleicht doch zahlen müsste.

Dieses Verhalten der Versicherungen finden wir UNGERECHT.

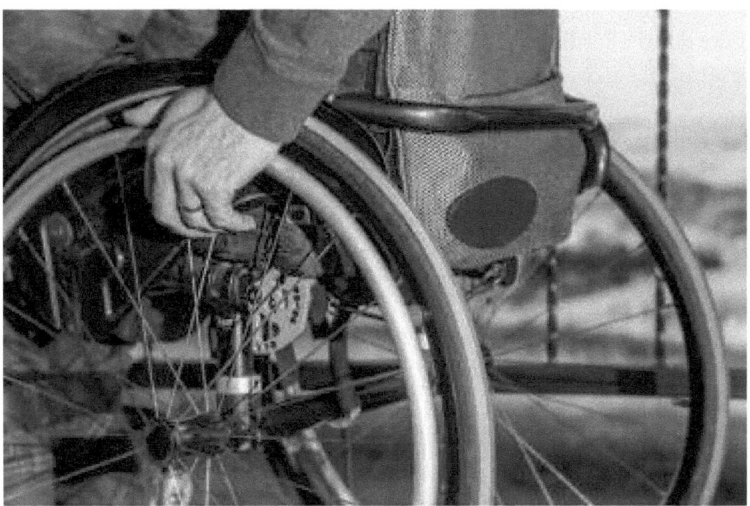

Wer berufsunfähig wird, hat oft das Nachsehen, auch wenn eine Berufsunfähigkeitsversicherung besteht. Diese weigern sich häufig zu zahlen, weil in grauer Vergangenheit eine Frage im Antrag falsch beantwortet gewesen sei.

Lösungsvorschlag:

Berufsunfähigkeitsversicherungen sollten mit dem Antrag auf die Versicherung eingehend prüfen, ob sie den Versicherten überhaupt versichern. Dazu gehört auch, dass sie alle Ärzte anschreiben können und sich die Historie von diesen holen können. Tun sie das nicht oder tun sie das und versichern trotzdem, sollte es im späteren Antragsfall keine Möglichkeit mehr geben, dass sie wegen Nichtangaben von Kopfschmerzen die Leistung verweigern.

Die wenigsten Patienten wissen, was sie alles in den letzten 5 Jahre bei welchem Arzt mal angegeben haben. Dem einen entfällt ein Hühneraue, dem anderen ein Husten, dem nächsten die Nabeloperation. Gerne beschwichtigen auch Versicherungsvertreter „brauchst Du nicht angeben...nur die wichtigen Erkrankungen...", damit es schneller zum Vertrag / zur Policierung kommt.

Muss die Versicherung bereits bei Antrag alles prüfen, bleibt dem Patienten die Nichtzahlung im Versicherungsfalle erspart und ist nur noch auf die Fälle beschränkt, wo ein Gutachter sagt „Sie sind ja gar nicht krank".

27.   Für ein paar Cent von China nach Deutschland

Wer schon einmal bei Ebay, Amazon oder anderen Internetplattformen Waren von einem chinesischen Anbieter gekauft hat, hat sich sicherlich gewundert, warum diese für ein paar Cents Waren von China nach Deutschland senden können, wo doch in der umgekehrten Richtung ein Maxibrief von Deutschland nach China 7 Euro Porto kostet (Stand 7.2019).

Grund ist der Weltpostvertrag, bzw. der Weltpostverein (WPV oder englisch UPU), der 1874 gegründet wurde. Dort werden die Rahmenbedingungen für den internationalen Postverkehr geschaffen. China ist dort seit 1914 (!) Mitglied. Allerdings wird China dort noch immer – als Relikt aus grauer Vorzeit – als ENTWICKLUNGSLAND gesehen und somit subventioniert. Chinesische Firmen und auch Privatpersonen in China zahlen nur einen lächerlich geringen Cent-Kostenbeitrag für die Beförderungen von Briefen ins Ausland. Dieser Beitrag deckt noch nicht einmal die Kosten, die bei der Beförderung innerhalb der Zielländer anfallen. Geregelt hat man das im Weltpostvertrag von 1874 (!) und späteren Erweiterungen. In den letzten 20 Jahren hatten Politiker noch keine Zeit gefunden, das zu ändern. So bekommen deutsche Händler Konkurrenz aus China, die sie selbst auch noch subventionieren dürfen. Ebay und Amazon in Deutschland sind mittlerweile auch voll von chinesischen Anbietern, die in ihren Angeboten die Versandkosten quasi mit 0,00 ansetzen können und so manch deutschem Händler den Kunden wegschnappen.

Noch immer kostet es einen chinesischen Händler nur ein paar Cent, Ware oder Briefe von China nach Deutschland zu senden. Der umgekehrte Weg kostet ein Vielfaches. Der Weltpostverein ist seit Jahren nicht in der Lage, das zu ändern.

Lösungsvorschlag:

Auf einem der nächsten G20-Gipfel muss das wegverhandelt werden. China braucht keine Entwicklungshilfegelder mehr. Dort werden Flughäfen mittlerweile moderner und schneller gebaut als in Deutschland. Damit entfällt auch die Notwendigkeit, dass wir den chinesischen Händlern das Porto subventionieren müssen. Für Herbst 2019 waren wieder Gespräche auf einem außerordentlichen Treffen des Weltpostvereins anberaumt. Die letzten Jahre haben diese alle nicht zur Abschaffung der Subventionen für China geführt. Die Gründe waren vielfältig, aber im Ergebnis hat man China weiter subventioniert. In einer globalisierten Welt und im Zeitalter des Onlinehandels ist das schlichtweg ungerecht.

Chinesen versenden auch Pakete als Brief. Dies wollte der Weltpostverein im Jahr 2018 stoppen und hat den anderen Ländern das Recht eingeräumt, solche Sendungen zu stoppen und nicht weiter zu befördern. Allerdings entstehen dadurch noch mehr Kosten, sodass in der Praxis dann doch einfach zugestellt wird.

Das Smartphone im Paket per Briefpostboten für 5 Cent aus China. Noch viel Arbeit für die Politiker.

Am meisten Druck hat bisher US-Präsident Trump gemacht, dessen Land auch unter dem Nahezu-Null-Briefporto in China für Auslandssendungen leidet: Er hat gedroht, aus dem Weltpostverein auszusteigen, wenn sich das nicht ändert. Allerdings war das im Jahr 2018. Geändert hat sich bisher (Stand 7.2019) nichts.

28. Großkonzerne foppen noch immer das Finanzamt

Geht man in die Konzernzentralen großer US-Unternehmen in Deutschland und verhandelt mit den deutschen Ansprechpartnern für das Deutschlandgeschäft, so erhält man häufig Visitenkarten, auf denen als Arbeitgeber und Adresse eine Anschrift in Irland oder Luxemburg steht. Tatsächlich erreicht man den Mitarbeiter aber telefonisch und auch physisch praktisch immer in seinem deutschen Büro. Warum ist das so? Die offizielle Begründung lautet natürlich, dass die Mitarbeiter auch bei der Firma in Irland oder Luxemburg angestellt sind und auch dort arbeiten, aber aktuell an einem Projekt in Deutschland arbeiten.

Faktisch wird das gemacht, weil in den anderen Ländern viel geringere Steuern anfallen und in Deutschland nur das Nötigste gezahlt werden soll. Früher hat man häufig sogar mit Lizenzzahlungen ins Ausland einen Großteil der Gewinne ins Ausland verlagert, was der Gesetzgeber zwischenzeitlich erschwert hat. Aber die „Visitenkartenausländer" gibt es immer noch.

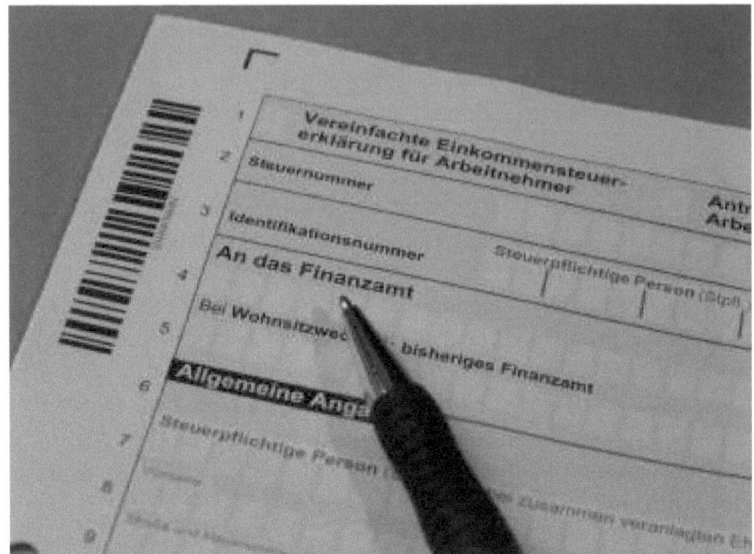

Pfiffige Steueranwälte in Großkonzernen oder Mittelständlern sind oft dem Finanzamt immer eine Nasenlänge voraus und finden Gestaltungsmöglichkeiten, die das Finanzamt nicht durchschaut oder von der Finanzverwaltung als Steuervermeidungsstrategie schlichtweg übersehen wurden.

Lösungsvorschlag:

Solche Filialen / Deutschland-Zentralen müssten viel häufiger Betriebsprüfungen durch besonders geschulte Prüfer über sich ergehen lassen. Nicht alle 3 Jahre. Jedes Jahr. Weil hier die Missbrauchsgefahr besonders groß ist. Sehr häufig dürfte hier Gestaltungsmissbrauch vorliegen. Bei unseren Besuchen in großen US-Firmen-Niederlassungen in Deutschland war der Visitenkartentrick praktisch gängige Praxis und die Hälfte der Ansprechpartner hatten solche Visitenkarten. Im Zeitalter von E-Mail und Anrufweiterschaltungen fährt ja im Regelfall auch niemand nach Irland, um zu verhandeln, sondern verhandelt wird per Email und Telefon. Die Visitenkarte ist nur der Anscheinsbeweis für eine Anstellung im Ausland. 500 Stück kosten keine 30 Euro und dafür spart der Konzern im Zweifel zigtausend Euro.

Jeder Betriebsprüfer in Deutschland hat vor Jahren schon im Jahr im Schnitt für Steuermehreinnahmen von rund 1 Mio. Euro pro Jahr gesorgt. Aber es gibt viel zu wenige davon. Warum der Staat dort nicht mehr Menschen beschäftigt, ist wirklich nicht nachzuvollziehen.

Es braucht mehr Betriebsprüfer und mehr Betriebsprüfungen bei solchen Unternehmen.

29. Ab 42 Jahren wird man vom Staat diskriminiert

Private Firmen, die in Stellenanzeigen nur Frauen oder nur Männer suchen oder nur Junge oder nur Alte können abgemahnt und bestraft werden, weil dies diskriminierend/benachteiligend für das andere Geschlecht oder bestimmte Altersgruppen ist. Arbeitgeber machen sich sogar schadenersatzpflichtig, wenn sie bestimmte Altersgruppen oder Geschlechter von vorneherein ausschließen. Der Staat darf dies und macht dies aber schon seit Jahren so. Wer im öffentlichen Dienst in Baden-Württemberg mit dem Ziel der Verbeamtung anfangen möchte, darf z.b. nicht älter als 42 sein. Mit 43 zählt man da zum „alten Eisen" und wird i.d.R. nicht mehr genommen. In anderen Bundesländern tritt dies sogar schon mit 40 Jahren ein. Eine eindeutige Benachteiligung von erfahrenen Arbeitskräften, die noch voll im Leben stehen und kaum mit Zipperlein aufwarten können. Rechtsgrundlage dafür ist häufig ein Landesbeamtengesetz. Für Bewerber für die reguläre Einstellung in das Beamtenverhältnis gelten die folgenden Höchstaltersgrenzen:

- Bund: 50 Jahre (§ 48 BHO)
- Baden-Württemberg: 42 Jahre (§ 48 I LHO Baden-W.)
- Bayern: 45 Jahre (Art. 43 I BayBG)
- Berlin: 50 Jahre (Vorschriften zu LHO Berlin zu § 48 LHO)
- Brandenburg: 47 Jahre (§ 3 II LBG Brandenburg)
- Bremen: 40 Jahre (Vorbereitungsdienst, § 17 BremLVO)
- Hamburg: 45 Jahre (§ 5 HmbLVO)
- Hessen: 50 Jahre (§ 11 HLV)
- Mecklenburg-Vorpommern: 40 Jahre (§ 26 ALVO M-V)
- Niedersachsen: 45 Jahre (§ 16 NLVO)
- Nordrhein-Westf.: 42 Jahre (§ 14 LBG NRW)
- Rheinland-Pfalz: 45 Jahre (§ 19 LBG)
- Saarland: 40 Jahre (§ 12 SLVO)
- Sachsen: 45 Jahre (§ 7a SächsBG)

- Sachsen-Anhalt: 45 Jahre (§ 5 LVO LSA)
- Schleswig-Holstein: 45 Jahre (§ 48 LHO)
- Thüringen: 20 Jahre vor Ruhestandsalter (§ 7 Thür-LaufbG)

Wir halten es für ungerecht, dass in vielen Bundesländern ein 47 Jahre alter Mensch zum alten Eisen zählt und bei Bewerbungen in öffentlichen Dienst mit dem Ziel eines Beamtenverhältnisses keine Anstellung mehr findet.

Dies führt naturgemäß auch bei Umzügen zwischen Bundesländern immer wieder zu Problemen, weil es die 16 Bundesländer es bis heute nicht geschafft haben, wenigstens einheitlich Ungerechtigkeiten zu beschließen. Jedes Bundesland handhabt das, wie es das für richtig hält.

Das Bundesverwaltungsgericht hat diese Praxis im Übrigen mit Urteil vom 19.2.2009 (Az. 2 C 18.07) für rechtens erklärt. Diese Regelung würde auch nicht gegen das Gleichbehandlungsgesetz, welches extra erlassen wurde, verstoßen. Das Bundesverfassungsgericht hat mit Beschluss vom 21.April 2015 (2 BvR 1322/12) jedoch festgelegt, dass jeder Einzelfall geprüft werden muss, ob nicht doch im konkreten Fall ein solches Verbot bedenklich wäre.

Es gibt auch einzelne Urteile, die älteren Bewerbern ausdrücklich positiv zugesprochen haben. Ein Einstellungsverbot wegen Alter ist rechtlich vor Gericht oft nicht zu halten. So haben zwei Lehrerrinnen, die kurz über 40 waren, vor dem Verwaltungsgericht Koblenz Recht bekommen. Man hatte ihre Bewerbung abgelehnt, weil sie älter als 40 waren und dies nicht durch Kindererziehungszeiten „entschuldbar" sei. Das Verwaltungsgericht hat mit Urteil vom 1.9.2009 (6 K 1357/08.Ko, 6 K 465/09.KO) geurteilt, dass die Ablehnung wegen Alters unrechtmäßig sei. Schon allein, weil ein entsprechendes Gesetz fehle und dies nur in Verwaltungsvorschriften niedergelegt sei.

Das Bundesverfassungsgericht hat die Altersgrenze von 40 Jahren in NRW für das Beamtenverhältnis gekippt und für verfassungswidrig gehalten (Az: 2 BvR 1322/12 u. 2 BvR 1989/12). Dennoch wird sich auch heute noch in einigen Bundesländern verfassungswidrig verhalten.

Man muss in Deutschland gar nicht erst Rentner sein, um wegen Alters diskriminiert zu werden. Das fängt staatlicherseits schon viel früher an.

Lösungsvorschlag:

In einem ersten Schritt sollten sich zumindest alle Bundesländer auf EIN Höchstalter für die Einstellung einigen und dieses sollte hoch liegen, mindestens bei 50 Jahren. Natürlich darf der, der nur 2-3 Jahre als Beamter arbeitet, nicht die gleiche Pension beziehen, wie der, der 40 Jahre gearbeitet hat. Aber das sollte sich doch regeln lassen.

Eigentlich gehören solche Altersgrenzen jedoch abgeschafft. Für eine Einstellung sollte die fachliche und persönliche Eignung entscheidend sein und nicht die Religion, das Alter oder das Geschlecht. Natürlich muss man dann die Altersversorgung entsprechend anpassen. Das scheint den Damen und Herren in der Gesetzgebung bisher zu kompliziert zu sein. Wer nur 1/3 so viel einzahlt, weil er erst ab 40 in den Beamtenstatus kommt, sollte auch nur 1/3 der Leistung erhalten wie die, die ab 20 verbeamtet werden (sinnbildlich). Dafür lassen sich Tabellen anhand statistischer Verläufe erstellen.

30. Die Feiertage in jedem Bundesland anders

Je nachdem, in welchem der 16 Bundesländer man in Deutschland wohnt, gilt eine unterschiedliche Anzahl von landesweit geltenden Feiertagen. Per Stand 03.2019 gab es in den Bundesländern Feiertage wie folgt:

- Schleswig-Holstein: 10
- Hamburg: 10
- Bremen: 10
- Niedersachsen: 10
- Nordrhein-Westfalen: 11
- Rheinland-Pfalz: 11
- Saarland: 12
- Hessen: 10
- Baden-Württemberg: 12
- Bayern: 12 (in einigen Regionen bis 14)
- Thüringen: 11
- Sachsen: 11 (in einigen Regionen auch 12)
- Sachsen-Anhalt: 11
- Berlin: 10
- Brandenburg: 10 (+ Sonntage Ostern/Pfingsten)
- Mecklenburg-Vorpommern: 10

Wer sich eine Stadt wie Augsburg (Bayern) aussucht, kommt durch Feiertage wie das Augsburger Friedensfest (8.August) auf 14 Feiertage, was bundesweit wohl der Rekord sein dürfte. Maria Himmelfahrt ist in vielen Gemeinden Bayerns ebenfalls ein Feiertag, mit dem man den fehlenden Buß- und Bettag ausgleichen will.

Norddeutschland ist tendenziell in Deutschland bei den Feiertagen benachteiligt, sodass hier Arbeitnehmer im Schnitt 2 Tage länger pro Jahr arbeiten als die Süddeutschen. Das ist UNGE-RECHT.

Lösungsvorschlag:
Die Bundesländer einigen sich auf eine EINHEITLICHE Anzahl an Feiertagen, die in allen Bundesländern gleich ist. Diese können unterschiedlich verteilt sein, aber die Anzahl sollte gleich sein.

31. Pensionäre erhalten deutlich mehr im Alter als Rentner

Am Stammtisch hört man Parolen wie „Beamte bekommen eine doppelt so hohe Pension wie Rentner" – doch stimmt das überhaupt? Die gesetzliche Rentenversicherung wirbt immer mit einem „Eckrentner" und gibt an, dass die „Eckrente" z.b. im Jahr 2018 bei 1441,35 Euro in Westdeutschland und 1381,05 Euro in Ostdeutschland liegt. Das Jahrzehnte nach der Wiedervereinigung dort noch Unterschiede existieren ist auch schon fragwürdig, aber das soll einmal unbeachtet bleiben. Die sogenannte „Eckrente" ist aber eine fiktive Größe, die deutlich von der tatsächlichen durchschnittlich gezahlten Rente abweicht. Die Eckrente bekommt nur jemand, der 45 Jahre in die Rentenversicherung eingezahlt hat und in jedem Jahr exakt die Höhe des jeweiligen Durchschnittsentgelts verdient hat. Eine solche Biografie hat aber kaum jemand. Durch Arbeitslosigkeit, Krankheit, lange Ausbildungszeiten, Kindererziehung oder viele andere Faktoren entstehen im Lebenslauf oft Zeiten, in denen eben nicht der Durchschnittsverdienst anfällt. Das Durchschnittseinkommen im Jahr 2018 lag beispielsweise bei 3156 Euro monatlich, bzw. 37873 Euro jährlich (Westen). Der durchschnittliche Deutsche kommt im Westen der Republik z.b. auf 40,64 Beitragsjahre, Frauen gar nur auf 28,04 Beitragsjahre.

So kommt es, dass die tatsächliche Durchschnittsrente deutlich niedriger als die gerne von der Rentenversicherung genannte „Eckrente" liegt, hier die Werte aus 2018:

- Männer (Westen): 1.095 Euro
- Männer (Osten): 1.198 Euro
- Frauen (Westen): 622 Euro
- Frauen (Osten): 928 Euro

(Durchschnittlicher Rentenzahlbetrag Altersrente 2018 laut DRV)

Von den oben genannten Zahlen (Bruttorente) gehen übrigens noch Krankenversicherungsbeiträge und (sofern anfallend): Steuern ab.

Die Altersarmut ist dort vorprogrammiert.

Bei Beamten kommt es im Gegensatz zur gesetzlichen Rentenversicherung nicht auf den Verdient in den letzten 45 Jahren an, sondern die Beamtenpension richtet sich im Wesentlichen nach dem Verdienst in den letzten 2 Jahren vor Eintritt in den Ruhestand. Maximal erhalten Beamte dort einen Wert von über 70% der letzten Bezüge (zuletzt maximal 71,75%). Dies setzt 40 Jahre Dienstjahre voraus. Viele Beamte gehen jedoch schon vor Ablauf von 40 Jahren in Ruhestand, sodass das durchschnittliche Pensionsniveau bei 66,6% liegt. Beamte gehen im Schnitt nach dem letzten Versorgungsbericht der Bundesregierung (2017) mit 62,5 Jahren in den Ruhestand. Das mag auch damit zusammenhängen, dass jede über 40 Dienstjahre hinausgehende Dienstzeit sich nicht mehr erhöhend auf das Ruhegehalt auswirkt. Grundsätzlich muss man als Beamter nur 5 Jahre gearbeitet haben, um einen Anspruch auf eine Pension zu erwirken.

Doch wie hoch ist nun die durchschnittliche Beamtenpension?

Im letzten Versorgungsbericht der Bundesregierung (2017) wird der Durchschnittsbezug der Pensionäre (Beamtinnen und Beamte, Richterinnen und Richter) mit 2940 Euro pro Monat beziffert. (Direkter Bundesbereich)

Wir stellen die tatsächlich gezahlten Durchschnittswerte gegenüber:

**2940 Euro monatliche Beamtenpension gegenüber
1095 Euro monatliche Rente**

Es stimmt also nicht, wenn behauptet wird, dass Beamte die doppelte Rente bekommen: **Es ist fast dreimal so viel!**

Wir finden: Das ist UNGERECHT.

Es ist auch dann ungerecht, wenn man bedenkt, dass Pensionen und Renten steuerlich unterschiedlich gehandhabt werden und Krankenkassenkosten faktisch unterschiedlich sind. Auch netto sind Beamte immer noch deutlich vorne.

Während Angestellte, die vielleicht auch zuletzt 5000 Euro im Monat verdient haben, eine Rente von 1095 Euro erhalten, bekommt der Lehrer, der während seines Lebens jedes Jahr 12 Wochen Schulferien hatte, über 3000 Euro Altersbezüge.

Der Angestellte muss als Rentner Flaschen sammeln oder im Parkhaus als Pförtner sitzen, während der im Ruhestand befindliche Beamte sich genüsslich die Welt in schönen Hotels anschauen kann.

Beamtenorganisationen verteidigen dies i.d.R. damit, dass Beamte vorher während der Arbeitsphase weniger verdienen, was häufig nicht so ist und damit, dass freie Angestellte ja häufig noch eine Betriebsrente erhalten, was ebenfalls nicht der Regelfall ist und überdies selbst dann nicht das Pensionsniveau erreicht. Beamte haben überdies während der Arbeitsphase keine Abzüge für Rentenversicherung und Arbeitslosenversicherung. Die Beamtenpensionen werden schlichtweg aus Steuergeldern finanziert.

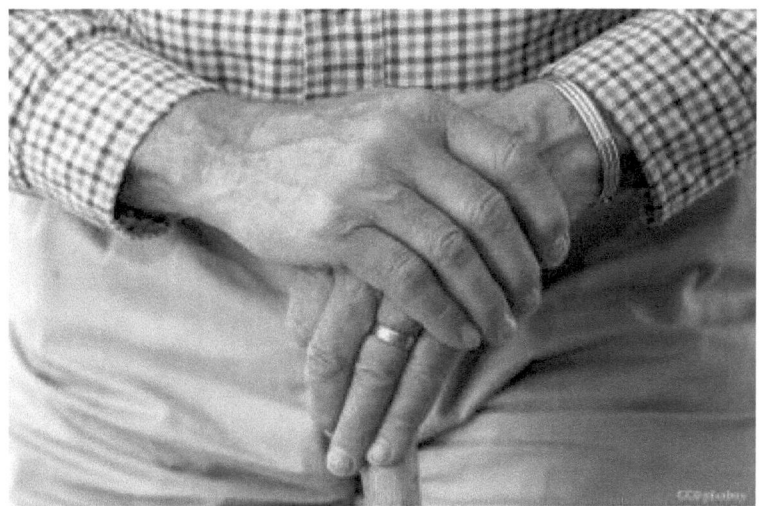

Warum muss ein Pensionär drastisch mehr Bezüge haben als ein Rentner? Diese Bevorteilung ist nicht mehr zeitgemäß.

Lösungsvorschlag:

Die Altersversorgung der Beamten muss grundlegend geändert werden, - abgesehen davon sollte angestrebt werden, nicht mehr so viele Angestellte im öffentlichen Dienst zu verbeamten.

Das letzte Mal wurde der Pensionsbezugssatz im Jahr 2011 gesenkt (auf 71,75%). Das ist jetzt fast ein Jahrzehnt her – hier wird es Zeit, dass erneut eine Anpassung nach unten erfolgt. Beamte sollten als Pension höchstens 65% der letzten Bezüge erhalten und es sollte nicht der Schnitt der letzten 2 Jahre sondern der letzten 5 Jahre herangezogen werden, damit der Unfug aufhört, dass Beamte kurz vor der Pensionierung nochmal befördert werden, damit die Pension höher ausfällt.

32. Frauen nicht in Vorständen

Man kann es totschweigen, ignorieren, belächeln oder weglächeln, aber es ist ein Fakt, dass Frauen in Führungspositionen immer noch die Ausnahme sind. Bei börsennotierten Unternehmen rund 8,8%, bei den DAX 30 Unternehmen waren es im Jahr 2018 rund 13,8%. Lässt man die Debatte um dritte, vierte oder keine Geschlechter einmal außen vor, fehlen da immer noch rund 36% zur Gerechtigkeit. Warum werden solche Vorstände nicht paritätisch besetzt? Warum gibt es nicht gleich viele Männer wie Frau in den Dax-Vorständen. Sind die Frauen alle blöd? Gibt es zu wenig Frauen? Sind diese alle ungeeignet? Nein: Die bestehenden Männer-Seilschaften kungeln halt unter sich auch wieder Männer als Kollegen aus, um ihre eigene Macht möglichst lange zu erhalten. Nach außen wird halt vorgetragen, dass man die Stelle ausgeschrieben hat und keine geeignete Bewerberin gefunden. Und wenn man mal eine gefunden hat, wird diese auch gerne schnell wieder rausgemobbt. So z.B. im Sommer 2019 geschehen bei der Bundesagentur für Arbeit. Die Frau im Führungsgremium wurde – so sieht zumindest der E-Mail-Verkehr aus – einfach rausgemobbt.

Frau sind weder dümmer, noch sind sie weniger belastbarer, noch weniger clever als Männer, das beweisen immer wieder Frauen in Führungspositionen. In jedem der 16 Bundeländer machen jedes Jahr mehr Mädchen als Jungen das Abitur und haben dabei auch noch bessere Noten. Die Männer, die über Jahrhunderte ihr Revier abgesteckt haben, können sich offensichtlich immer noch nicht daran gewöhnen, dass Gleichberechtigung herrscht und versuchen dann Männer in die Führungspositionen zu hieven…und gelegentlich auch Alibifrauen.

Der Gesetzgeber hat 2016 eine Frauenquote von 30% für börsennotierte Unternehmen festgelegt, aber nur bei der Besetzung des Aufsichtsrats. Die Praxis zeigt, dass die Unternehmen dies so gerade eben erfüllen, aber offensichtlich keine Lust haben, diese Quote signifikant zu erhöhen.
Auch wurden Unternehmen verpflichtet, Zielgrößen für die Vorstandsbesetzung festzulegen, aber es gibt bei Nichterfüllung keinerlei Sanktionen.
In Norwegen geht man da stringenter vor: Man hat eine Quote von 40% vorgeschrieben, die für Aufsichtsräte staatlicher und börsennotierter Unternehmen gilt. Wer das nicht einhält, dem drohen drastische Sanktionen – bis hin zur Auflösung des Unternehmens. Und siehe da: Es funktioniert.

Auch heute noch gibt es große DAX-Firmen, die keine einzige Frau im Vorstand haben, z.B.:

- BAYER AG (7 Vorstände, alle männlich)
- LINDE AG (2 Vorstände, beide männlich)
- RWE AG (2 Vorstände, beide männlich)
- Infineon Technologies AG (4 Vorstände, alle männlich)
- Thyssen Krupp AG (4 Vorstände, alle männlich)

In Norwegen sind 40% der Führungskräfte weiblich, in Frankreich ca. 30%, in Europa im Schnitt 25%, aber in deutschen Großunternehmen nur 17%.

Wir finden: Das ist UNGERECHT

Warum werden Frau deutlich seltener Chefin als Männer Chef werden? Weil oft Männer darüber bestimmen.

Lösungsvorschlag:

Per Gesetz müssen verbindliche Frauenquoten – wie in Norwegen – vorgesehen werden. Das Warten auf Eigeninitiative hat ja offensichtlich nur in beschränktem Ausmaß funktioniert.

Im Groko-Vertrag sind Millionenstrafen für Unternehmen vorgesehen, die sich null Prozent als Zielvorgabe für Frauen in Führungskräften setzen. Das wird vermutlich noch zu wenig sein.

Für Aufsichtsräte großer Firmen und staatlicher Firmen müssen mindestens 40% Frauen eingesetzt werden, bei Nichteinhaltung müssen fühlbare Sanktionen fällig werden. Eine Sanktion von ein paar Millionen Euro ist für einen Konzern wie Bayer o.ä. nicht „fühlbar", sondern wird weggelächelt.

Für Vorstände muss ein Stufenplan erstellt werden: In den nächsten 3 Jahren müssen 20% der Vorstände weiblich sein, im Laufe der nächsten 8 Jahre 30% der Vorstände und im Laufe der nächsten 12 Jahre 40% der Vorstände.

Eine solche Regelung kann natürlich nur für große Unternehmen gelten, die üblicherweise mehrere Vorstände haben.

Gleichzeitig sollte ein Ministerium auf der Webseite ein Gleichstellungsbarometer veröffentlichen, auf der alle größeren Firmen (mindestens z.b. DAX 30 Firmen) aufgeführt sind und wie hoch die Frauenquote dort aktuell ist.

Verbraucherinnen, die sich dann entscheiden, keine Produkte mehr von Firmen zu kaufen, die weibliche Führungskräfte benachteiligen, haben es dann leichter, mit den Füßen abzustimmen, wie sie ein solches Verhalten finden.

Im Gesetz ist die Gleichberechtigung schon lange verankert. Sie wird nur nicht gelebt. Damit mag man als Mann ganz gut leben können, als Frau aber nicht. Männer sollten intelligent und empathisch genug sein, sich auch in das andere Geschlecht hineinzuversetzen.

33. Mehr als 50% fürs Finanz- amt

Der Steuerzahlerbund hat jedes Jahr ein zweifelhaftes Vergnügen daran, den Steuerzahlergedenktag zu benennen. Das ist der Tag, bis zu dem man im Jahr für Steuern und Abgaben arbeitet. Erst danach arbeitet man für sich. Im Jahr 2019 wurde der Steuerzahlergedenktag auf den 15.7. festgelegt, d.h. man muss sechseinhalb Monate im Jahr für Steuern und Abgaben arbeiten, erst danach darf man das Erarbeitete auch behalten. In Deutschland ist die Belastungsquote mit über 50% viel zu hoch. Über 50% des Jahreseinkommens gehen für Steuern und Abgaben weg. In 34 von 36 OECD-Staaten liegt die Quote niedriger als in Deutschland, d.h. die Belastung der Arbeitnehmer ist deutlich geringer. Von einem verdienten Euro bleiben in Deutschland nur 46,3 Cent übrig, hat der Bund der Steuerzahler ausgerechnet.

Zu Buche schlagen bei einem verdienten Euro im Schnitt:

- 31,4 Cent Sozialabgaben (Arbeitgeber/Arbeitnehmer)
- 4,3 Cent Mehrwertsteuer
- 13 Cent Lohn- und Einkommensteuer / Solid.-Zuschlag
- 0,9 Cent Energiesteuern
- 3,4 Cent sonstige Steuern (Grundsteuer, Kfz-Steuer, Versicherungssteuer, Kaffeesteuer usw.)
- 0,7 Cent Strom-Umlagen, Rundfunkbeitrag

Der Bund der Steuerzahler hat dies auf der Grundlage der laufenden Wirtschaftsberechnungen des Statistischen Bundesamts 2019 errechnet.

Die Zahlen betreffen den durchschnittlichen Arbeitnehmerhaushalt, der statistisch aus 2,3 Personen besteht. Bei Single-Haushalten ist die Belastung statistisch noch größer

Ein theoretisch hohes Bruttoeinkommen nützt der Familie nichts, wenn mehr als die Hälfte für Steuern und Abgaben weggeht und zudem die Mieten so stark wachsen, dass sie in einigen Familien schon mehr als die Hälfte der Einnahmen wegfressen.

Deutschland steht bei den OECD-Staaten bei den Spitzenreitern, was die Abgabenlast angeht. Das darf nicht sein und spricht für eine ineffiziente Verwaltung.

Mehr als die Hälfte des Jahres arbeitet man für das Finanzamt oder den Staat. Ist das noch weiter hinnehmbar? Wo soll das hinführen?

Lösungsvorschlag:

Die Bundesregierung sollte spürbare Entlastungen beschließen, nicht nur kosmetische Änderungen. Die Arbeitslosenversicherung hat Rücklagen aufgebaut, warum senkt man nicht den Beitragssatz zur **Arbeitslosenversicherung?**
Bei der Umstellung der Grundsteuern dürfen Bürger nicht noch mehr belastet werden. Die Grundsteuer sollte nicht höher als bisher werden. Auch Mieter werden durch höhere Grundsteuern belastet, weil die Vermieter diese in Form höherer Mieten umlegen.

Eine **CO2-Steuer** darf nicht zu höheren Haushaltsbelastungen führen, nicht beim Tanken und nicht bei den Heizkosten der Wohnung, sonst steigt die Belastung der Haushalte noch mehr. Ein Durchschnittsverdiener kann sich eben keinen Elektro-Tesla und eigene Ladesäule leisten.

Der **Solidaritätszuschlag** muss komplett weg. Nicht erst ab 2021 teilweise. Alle Aufbauhilfen aus der deutschen Einheit laufen spätestens 2019 aus. Warum soll danach noch ein Solidaritätszuschlag gezahlt werden? Irgendwann ist doch mal gut.

34. Privatpatienten erhalten schnellere Termine beim Arzt

Seit Jahren ist es Fakt, dass Privatpatienten bei Fachärzten viel schneller einen Termin bekommen als Kassenpatienten. Eine Erfahrung, die bundesweite Geltung hat und auf die Mehrzahl der Ärzte zutrifft. Wir haben es selbst ausprobiert: Bei 15 Anrufen bei Freiburger Augenärzten mit der Bitte um einen Termin lag bei den Kassenpatienten ein möglicher Termin ausnahmslos mehrere Monate in der Zukunft, sofern überhaupt noch einer vergeben werden konnte. Eine gleichtägige Anfrage als Privatpatient hat bei fast allen Angerufenen einen Termin innerhalb der nächsten 10 Tage ermöglicht. Als Grunde wurde eine Sehstärkenbestimmung genannt, weil man glaubt, dass die aktuelle Brillenstärke nicht mehr ausreicht.

Eine Vermittlungsstelle, die extra eingerichtet worden ist, um Termine zu vermitteln, erklärte sich für nicht zuständig, da diese nur für akute Erkrankungen zuständig sei (Es blutet aus dem Auge, Auge ist komplett vereitert o.ä.).
Natürlich bemühen sich Ärzte-Vertreter immer wieder, gebetsmühlenartig zu wiederholen, dass es solche Unterschiede nicht geben, erklären aber auch, dass Ärzte wegen der stark unterschiedlichen Verdienste am Kassen- und Privatpatienten gezwungen sind, auch für Privatpatienten zu arbeiten. Eine 2-Klassen-Medizin: Wer es sich leisten kann, wird sofort behandelt, der andere muss noch 4 Monate mit einer nicht ausreichenden Brille durchs Leben laufen, weil er nur gesetzlich versichert ist.

Die Kassenärztliche Bundesvereinigung räumt den Vorteil der Privatpatienten auch offiziell ein, stellt diesen aber nach außen als klein dar: Während Privatpatienten in 30% der Fälle sofort oder ohne zu warten einen Termin erhalten, sei dies bei gesetzlich

Versicherten nur bei 27% der Fälle so. Privatversicherte erhielten zu 49% innerhalb von 3 Tagen einen Termin, gesetzlich Versicherte nur zu 43%. Diese Statistik trifft aber nur auf die Allgemeinmediziner zu.

Alle Studien, die in den letzten 20 Jahren erstellt worden sind, weisen im Facharztbereich signifikant längere Wartezeiten für gesetzlich Versicherte aus. Es ist also nicht nur ein Gefühl oder ein Einzelfall im Bekanntenkreis, sondern empirisch belegt. Schon im Jahr 2006 haben Forscher 189 Fachärzte in Raum Köln-Bonn kontaktiert, mal als Kassenpatient, mal als gesetzlich Versicherter. Im Schnitt hatten Kassenpatienten eine DREIMAL längere Wartezeit. (Institute of Health Economics and Clinical Epidemiology, Universität Köln, veröffentlicht im International Journal for Equity in Health 2008/7)

Diverse Studien haben ergeben, dass Ärzte im Schnitt bei den Privatpatienten mindestens das Doppelte verdienen wie bei der Behandlung von Kassenpatienten. Man kann es Ärzten also nicht verdenken, wenn sie lieber mit einem Privatpatienten sprechen als mit jemandem der, eine Krankenkassenkarte einer gesetzlichen Versicherung vorlegt.

Budgetierung ein zusätzliches Problem
Besonders problematisch wird es zum Ende eines Quartals, wenn sich die Budgets der Praxen für gesetzlich versicherte Patienten dem Ende zuneigen, die Behandlung der Kassenpatienten somit eingeschränkt wird. Behandlungszahlen am Anfang eines Quartals sind im Regelfall immer deutlich höher als gegen Ende eines Quartals. Ärzte reagieren so auf finanzielle Anreize. Kaum zu glauben, dass Grippewellen immer zu Beginn eines Quartals auftreten.

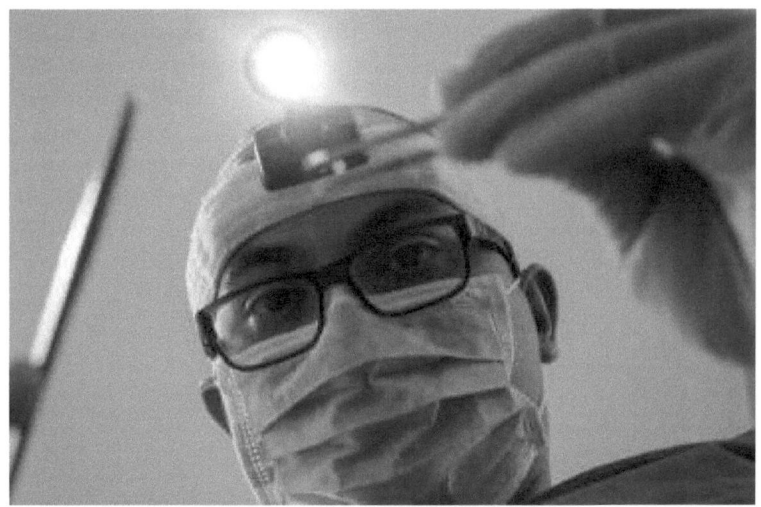

Wer privat versichert ist, bekommt wesentlich schneller einen Termin bei einem Arzt als gesetzlich Versicherte.

Lösungsansätze:

Ein Lösungsansatz wäre natürlich, dass die Vergütungsätze angeglichen werden, d.h. der Arzt verdient bei beiden Patientengruppen das Gleiche. Das führt aber voraussichtlich auch dazu, dass Kassenpatienten mehr bezahlen müssen und damit die Krankenkassenbeiträge steigen würden.

Der Gesetzgeber muss für Ärzte eine noch höhere Anzahl von vorzuhaltenden Praxisöffnungszeiten für Kassenpatienten vorschreiben. Sollten alle Maßnahmen nicht funktionieren, sollte die Kassenärztliche Vereinigung von jedem Facharzt einen Tag pro Woche gemeldet bekommen, an dem die Vereinigung Termine legen kann und muss – für Patienten, die sich über ein Servicetelefon gemeldet haben. Ärzte können dies städteweise auch in Eigenregie realisieren.

Überdies muss der viel zu strenge Numerus Clausus gelockert werden und die Anzahl der Studienplätze für Medizin ausgebaut werden, damit es mehr Fachärzte gibt. Dadurch sinken automatisch die Wartezeiten und die Konkurrenz unter den Ärzten steigt.

Ein Numerus-Clausus von 1,0, wie er in fast allen Bundesländern herrscht, ist viel zu streng. Ein Abiturient, der einen Notenschnitt von 1,2 hat, ist doch nicht dumm, darf aber nicht Medizin studieren, weil er nicht 1,0 hat. Das ist antiquiert und ein Luxus, den wir uns nicht mehr leisten können. Siehe gesondertes Kapitel.

35. Zeitarbeitsfirmen beuten aus

Wer nirgendwo mehr Arbeit findet, geht oft zu Zeitarbeitsfirmen und findet dort eine Anstellung. Häufig allerdings zu schlechten Bedingungen und für deutlich weniger Geld als direkt angestellte Arbeitnehmer in den Betrieben für gleiche Arbeit erhalten. Nachdem unter Kanzler Gerhard Schröder zunächst Zeitarbeit für alle schlimm wurde, hat man zwar 2017 mit dem Arbeitnehmerüberlassungsgesetz einiges geändert, aber auch heute noch werden Zeitarbeiter benachteiligt.

So müssen diese z.b. erst nach 9 Monaten das gleiche Geld erhalten wie die Stammbeschäftigten. Warum bitte bekommt man als Zeitarbeiter 9 Monate lang häufig NICHT das gleiche Geld? In den typischen Zeitarbeiterberufen, die häufig auch im gewerblichen Bereich liegen, braucht niemand neun Monate zur Einarbeitung. Und eine Einarbeitung brauchen auch Stammbeschäftigte...

Eine Höchstverleihdauer von 18 Monaten führt häufig auch dazu, dass Zeitarbeiter dann wieder aus dem Betrieb genommen werden und herumgereicht werden.

Überdies sehen die Gesetze vor, dass in manchen Fällen noch nicht einmal nach 9 Monaten das gleiche Gehalt gezahlt werden muss: Der Betrieb kann sich auch bis zu 15 Monate Zeit lassen mit der Gleichbezahlung, wenn er ab der 6.Woche einen Zuschlag zum Tariflohn (aufwachsenden Zuschlag) – so strecken manche Betriebe die Gleichzahlung auf bis zu 15 Monate hinaus.

Man hat die Gleichzahlung hübsch neudeutsch mit „equal pay" bezeichnet, aber im Prinzip ist es nur geregelte Ungleichbezahlung. Wir finden: DAS IST UNGERECHT.

Ebenso ungerecht wie die Möglichkeit, dass eine Entleihfirma im Prinzip die Arbeitnehmer jeweils immer nach 6 Monaten zwischen zwei Firmen wechseln kann, sodass der Anspruch auf gleichen Lohn praktisch nicht entsteht. Eine Gesetzeslücke.

Zeitarbeitnehmer, die nach 18 Monaten in eine andere Firma gesteckt werden, verlieren wieder etwaige Branchenzuschläge und fangen wieder von vorne an. Gemäß einer Auskunft von Randstad wird bei rund 1/3 aller Zeitarbeiter bei Erreichen des Equal Pay – Zeitpunkts, also häufig nach 9 oder 15 Monaten das Beschäftigungsverhältnis in der Zielfirma beendet. Weil der Zielarbeitgeber eben nicht den Beschäftigten ganz übernehmen will. Der Arbeitnehmer fängt dann wieder woanders – häufig mit Lohneinbußen – an.

Mehr als 900.000 Menschen arbeiteten gemäß Auskunft der Bundesagentur für Arbeit in Zeitarbeitsverhältnissen, das ist eine Verdreifachung gegenüber 1999 und zeigt das Volumen der Ausbeutung.

Trotz aller Bemühungen das zu verhindern, werden Zeitarbeiter oft immer noch ausgebeutet – sei es im Kündigungsschutz oder bezüglich der Vergütung.

Lösungsvorschlag:

Zeitarbeiter müssen das gleiche Gehalt/Lohn erhalten wie Stammbeschäftigte. Vom ersten Tag. Der Zielarbeitgeber hat mit den flexiblen Kündigungsmöglichkeiten und der nur temporären Beschäftigung bereits einen Vorteil, der groß genug ist. Dazu muss man nicht noch die Ausbeutung der Arbeitnehmer stellen.

Solche Regelungen sind auch international nicht so ungewöhnlich. In **Österreich** darf z.b. der Arbeitnehmer in Zeitarbeit nicht schlechter gestellt sein wie das Stammpersonal. Die Vergütung richtet sich nach Kollektivverträgen (Tarifverträgen) der Beschäftigerbranche. Was in Österreich geht, sollte auch in Deutschland gehen. Auch in der **Schweiz** werden Zeitarbeiter (dort: „Temporärmitarbeiter") gleich bezahlt. Vom ersten Tag an. Orts- und branchenübliche Löhne müssen ebenso bezahlt werden wie tarifvertraglich geregelte Entgelte. In der Schweiz wird sogar 1% der Lohnsumme in eine Art Bildungstopf eingezahlt, aus dem Fortbildungen für Zeitarbeitnehmer finanziert werden, damit diese nicht von der Fortbildung abgeschnitten werden.

Die Angleichen an gleiche Bezüge in Deutschland kann – um es für Arbeitnehmerüberlassungsfirmen erträglicher zu gestalten – über 2-3 Jahre gestreckt werden, aber sollte – auch gegen den Widerstand der Zeitarbeitsfirmen, die im Prinzip nichts anderes als moderne Ausbeuter sind, durchgesetzt werden.

Dass die Zeitarbeitsfirmen ihre Fälle schwimmen sehen, ist natürlich zu erwarten, aber man kann nicht den Profit der Zeitarbeitsfirmen über das Wohl der Arbeitnehmer stellen und quasi den Gewinn der Firmen nur ermöglichen, indem man die Arbeitnehmer ausbeutet.

Die größten Zeitarbeitsfirmen in Deutschland sind Randstad mit einem Umsatz von ca. 2,3 Milliarden Euro pro Jahr und Adecco mit einem Umsatz von über 1,6 Milliarden Euro. Daneben gibt es aber eine Reihe weiterer Unternehmen, die auch jeweils mehrere

Hundert Millionen Euro pro Jahr umsetzen. Auf dem Rücken der Arbeitnehmer.

36. Numerus Clausus für bestimmte Studien ist ungerecht

Der Numerus Clausus, d.h. die erforderliche Durchschnittsnote von Abiturienten für bestimmte Studien hält jedes Jahr tausende Schüler von bestimmten Studiengängen ab. Dies führt auch gleichzeitig dazu, dass bestimmte Berufsbilder später zu dünn besetzt sind, z.b. bestimmte Ärzte. Warum muss ein junger Mensch, der ein Medizinstudium aufnehmen will, einen Notendurchschnitt von 1,0 haben? Hat er auch nur in einem Fach eine 2 oder 3 auf dem Zeugnis und sei es Kunst oder Religion, darf er nicht Medizin studieren, obwohl er vielleicht hochintelligent ist und sich brennend für Medizin studiert.

Diese Lösung wurde eingeführt, weil der Staat keine Lust hat, größere Hörsäle zu bauen und diese sonst zu Studienbeginn überfüllt sind. Stattdessen belässt man es bei Uralt-Auditorien und schraubt das Anforderungsprofil so hoch, dass nur so viele Studenten am Anfang in den Hörsaal passen, wie es gerade noch erträglich ist. Nach den ersten Prüfungen verlassen ohnehin zahlreiche Studenten die Uni wieder, weil es ihnen doch zu anstrengend ist. Übrigens auch die mit 1,0-Durchschnitt. Man schneidet aber Tausenden Schülern mit 1,2 oder 1,5-Notendurchschnitt die Möglichkeit ab, Rechtsanwalt oder Arzt zu werden.

Hier beispielhaft die Auswahlgrenzen der Abiturnoten nach Bundesländern für das Fach Medizin, Stand 02.2019:

- Baden-Württemberg: 1,1
- Bayern: 1,1
- Berlin: 1,0
- Brandenburg: 1,0
- Bremen: 1,0
- Hamburg: 1,1
- Hessen: 1,0
- Meck.-Vorpommern: 1,1
- Niedersachsen: 1,1

- Nordrhein-Westfalen: 1,0
- Rheinland-Pfalz: 1,0
- Saarland: 1,3
- Sachsen: 1,2
- Sachsen-Anhalt 1,3
- Schleswig-Holstein: 1,2
- Thüringen: 1,1

Natürlich ist die Durchschnittsnote nur ein Kriterium und wird ergänzt durch Wartezeit und andere Kriterien, dennoch führt eine mit 1,4 ja gar nicht so schlechte Durchschnittsnote dazu, dass viele erst gar nicht anfangen, sich um einen Medizin-Studienplatz zu bemühen.

Wir finden: DAS IST UNGERECHT.

Wir sind mit der Auffassung im Übrigen auch nicht allein: Auch das Bundesverfassungsgericht hat 2017 entschieden, dass das bisherige Numerus-Clausus-Verfahren in einigen Bereichen verfassungswidrig sei.

Das Bundesverfassungsgericht hat die Praxis, dass man zu schlechte Abiturnoten z.b. durch 15 Wartesemester (7,5 Jahre) ersetzen kann, für verfassungswidrig erklärt. Dies müsse enger begrenzt werden.

Aktuell kommen im Bereich Humanmedizin ca. 62.000 Bewerber auf ca. 11.000 Studienplätze. Bei 20% der Plätze entscheidet die Abiturnote, bei 20% die Wartezeit und bei 60% unterschiedliche Kriterien der Hochschule, wobei die Abiturnote häufig eine wichtige Rolle spielt.

Ärzteverbände kritisieren schon lange, dass die Anzahl der Medizinstudienplätze auf dem Niveau der 90er-Jahre verharre, so z.B. der Marburger Bund.

Viele Hörsäle in den Universitäten sind zu klein für mehr Studienanfänger. Statt zu investieren, beschränkt man die Anzahl der Studenten über den Numerus Clausus. (Bild cc0 pixabay)

Lösungsvorschlag:

Der Staat (Bund und Länder) müssen nicht nur von Bildung und Bildungsinitiativen sprechen, sondern dies auch leben. Die Anzahl der Medizinstudienplätze muss verdoppelt werden. Das erfordert ein Erhöhen der Budgets. Bei einer immer älter werdenden Bevölkerung in Deutschland wird man zukünftig auch immer mehr Ärzte benötigen. Ärzte können überdies auf der ganzen Welt arbeiten. Ein Medizinstudium aus Deutschland wird weltweit anerkannt. Durch mehr Ärzte wird auch der Ärztemangel auf dem Land bekämpft.

Ein Numerus Clausus von 1,x sollte ausreichen, um Medizin zu studieren. Bildung ist ein wesentlicher Schlüssel zu späterem Wohlstand. Dann sollte man auch in die Bildung der jungen Menschen investieren.

Ärzteverbände sind naturgemäß konservativer. Frank Montgomery, Präsident der Bundesärztekammer forderte nur 1000 Studienplätze zusätzlich. Das dürfte von dem Hintergedanken getragen sein, dass deutlich mehr Ärzte natürlich auch das spätere Einkommen der Ärzte statistisch senken dürfte. Aber wenn ein Radiologe dann statt 1 Mio. Euro nur noch 500.000 Euro im Jahr verdient, ist er immer noch nicht an der Hartz4-Antragsgrenze.

37. Lohn wird stärker besteuert als Kapital

Reiche, die ihr Geld für sich arbeiten lassen können, weil sie so viel davon haben, zahlen für die Kapitalerträge weniger Steuern als man Arbeiter oder Angestellter für die Arbeit seiner Hände. Wer viel Kapitalerträge hat, zahlt darauf (2019) unabhängig von seinem Einkommensteuersatz nur max. 25% Abgeltungssteuer (+ Solidaritätszuschlag/Verrechnung Kirchensteuer), womit er immer unter 28% landet. Der Spitzensteuersatz für Angestellte und Arbeiter beträgt aber bereits 42%

Im Jahr 2019 zahlt man für jährliche Einkommen von 55.961 bis 265.326 Euro bereits den Spitzensteuersatz von 42%. Für jeden weiteren Euro sogar 45%.

Wir finden diese Bevorzugung von Kapitaleinkünften UNGERECHT. Dies gilt zumindest dann, wenn diese erheblich sind. Wer viele Mietwohnungen hat, zahlt ja auch auf alle Einnahmen seinen vollen persönlichen Steuersatz, - warum sollte das bei Kapitaleinkünften nicht der Fall sein?

Börsenspekulationen werden weniger stark besteuert als Menschen, die mit den Händen arbeiten. Karl Marx hätte seine Freude.

Lösungsansatz:

Die Freibeträge für Einkünfte aus Kapitalvermögen sollten erhöht werden. Bis zu 3000 Euro pro Jahr sollten einkommensteuerfrei sein.

Wer darüber hinaus Einkünfte aus Kapitalvermögen erzielt, sollte diese mit seinem persönlichen Steuersatz versteuern müssen, mindestens aber mit 25%, die auch mit einer Quellensteuer direkt ab Bank einbehalten werden. Bei jedem Quellensteuerabzug geht gleich eine Meldung an das Wohnsitzfinanzamt/Betriebsstättenfinanzamt.

Die Quellenbesteuerung wechselt von der Abgeltungssteuer zu einer Steuervorauszahlung, die bei der jährlichen Einkommensteuererklärung angerechnet wird.

Wer so viel Geld hat, dass er damit an der Börse spekulieren kann, sollte auf seine Erträge auch Steuern zahlen und sich so an der Gemeinschaft beteiligen.

38. Reiche würden mehr Steuern zahlen

Einige Vermögende in Deutschland haben erklärt, dass sie schon viel Steuern zahlen, aber gerne berät wären, noch mehr zu zahlen. Diese Multimillionäre erhört aber in Deutschland niemand. Der höchste deutsche Einkommensteuersatz für Menschen, die z.b. 300.000 Euro oder mehr verdienen, liegt bei 45% für alle Einkünfte ab 265.326 Euro aufwärts. Natürlich gibt es auch in Europa Wettbewerb: Aber ein deutscher Millionär, der sich in Bad Homburg wohlfühlt, zieht nicht unbedingt nach Polen, nur, weil dort der Einkommensteuersatz auf 32% begrenzt ist... Wer überproportional viel verdient, sollte sich ruhig auch etwas mehr am Steueraufkommen beteiligen. Es tut ihm in der Regel nicht so weh.

Ansonsten werden die Reichen immer reicher und die Armen immer ärmer...und das ist UNGERECHT.

Wie sind die Einkommensteuersätze im europäischen Vergleich?

- Belgien: 25-50%
- Bulgarien: 10% (Flatrate)
- Dänemark: 37 bis 52%
- Deutschland: 14-45% (Solidaritätszuschlag 5,5% des Steuersatzes)
- Estland 20% (Flatrate)
- Finnland: 6-31,25% / Gemeindesteuern 16,5-22,5%
- Frankreich: max. 45%
- Griechenland: 22-45% (Solidaritätszuschlag 2,2-10%)
- Irland: 20% / 40% - Universal Social Charge 0,5%, 2%, 4,75%, 8%
- Kroatien: 24% - 36%
- Italien: 23% - 43%
- Lettland: 20% - 31,4%

- Litauen: 20% und 27%
- Luxemburg: max. 42%
- Malta: max. 35%
- Niederlande: 36,65% - 51,75%
- Österreich: 25% - 55%
- Polen: 18% und 32%
- Portugal: max. 48% (Solidaritätszuschlag 2,5% bzw. 5%)
- Rumänien: 10% Flatrate
- Schweden: 29% bis 65%
- Slowakei 19% und 25%
- Slowenien: 16% - 50%
- Spanien: max. 48%
- Tschechien: 15% Flat Rate
- Ungarn: 15% Flatrate
- UK: 20%, 40% und 45%
- Zypern: 20% - 35%

Lösungsvorschlag:

Wer als Lediger über 300.000 Euro verdient, sollte mit 50% besteuert werden. Die meisten, die in der Heimat verwurzelt sind, bleiben auch in der Heimat wohnen. Vermögende haben ohnehin oft Konstrukte, wo Vermögen in Firmen oder Stiftungen ausgelagert wird und diese im Ausland angesiedelt sind. Der persönliche Einkommensteuersatz ist dann weniger entscheidend.

Optimalerweise wird ein einheitlich höherer Spitzensteuersatz in mehreren EU-Ländern angestrebt.

Vermögende Deutsche wie die früheren SAP-Gründer, die BMW-Eigentümer oder die Besitzer großer Drogeriemarktketten zahlen sicher gerne auch ein paar Tausend Euro mehr Steuern. Vor allen Dingen dann, wenn diese sinnvoll eingesetzt werden.

39.   KITA-Plätze belasten die Eltern unterschiedlich stark

Wer Kinder bekommt, steht irgendwann vor dem Problem, die Kinder während der Arbeitszeit unterzubringen. Wenn bei einem Paar beide berufstätig sind, was in immer mehr Beziehungen notwendig wird, damit man überhaupt über die Runden kommt, kann die Kinder während des Tages nicht immer bei den Großeltern parken, sondern ist auf Kindertagesstätten und Kinderbetreuung angewiesen. Doch die Kita-Kosten variieren von Stadt zu Stadt und von Bundesland zu Bundesland, ebenso die Eigenbeteiligung je nach Elterneinkommen. Manche Kitas sind komplett kostenfrei, bei anderen zahlen nur Vermögende, bei den meisten Kitas zahlen aber auch Durchschnittsverdiener einen deutlichen Beitrag. Dafür, dass man Kinder in die Welt setzt, die u.U. für andere später die Renten finanzieren. Die Bertelsmann-Stiftung hat den durchschnittlichen Aufwand im Jahr 2018 einmal nach dem Anteil am Haushaltsnettoeinkommen ermittelt. Dabei kamen in Schleswig-Holstein und Mecklenburg-Vorpommern 5x so hohe Belastungen wie in Berlin heraus.

Ausgaben für Kita-Betreuung im bundesweiten Vergleich:
(Anteil am Haushaltsnettoeinkommen)

- Schleswig-Holstein: 9,0%
- Mecklenburg-Vorpommern: 8,2%
- Saarland: 7,5%
- Thüringen: 7,2%
- Brandenburg: 7,0%
- Hessen: 6,9%
- Sachsen-Anhalt: 6,9%
- Baden-Württemberg: 6,7%
- Niedersachsen: 6,6%
- Nordrhein-Westfalen: 6,4%
- Sachsen: 6,3%

- Bayern: 6,1%
- Bremen: 5,9%
- Hamburg: 4,4%
- Rheinland-Pfalz: 2,4%
- Berlin: 1,8%

Noch viel wichtiger: Eltern, deren Einkommen unterhalb der Armutsrisikogrenze liegt, sind von Kita-Gebühren (wenn sie nicht befreit sind) überproportional stark getroffen und zahlen prozentual einen doppelt so hohen Anteil wie reiche Eltern.

Auch bei der häufig anzutreffenden Staffelung der Kita-Beiträge nach Elterneinkommen, gibt es häufig einkommensunabhängige Bestandteile wie Geld für Essen, Hygieneartikel oder auch Beiträge für Ausflüge. Wer wenig verdient, gibt oft 10% für die Kita aus, wer viel verdient nur 5% vom Nettoeinkommen.

In einer Kindertagesstätte lernen Kinder die ersten Schritte für das Leben und auch sozialen Umgang. Hier können bereits erste Schritte zur Integration und Chancengleichheit erfolgen. Aus Kostengründen sparen sich häufig sozial schwächere Eltern diese Einrichtung (Bild: cc0 pixabay)

Lösungsvorschlag:

Eltern, die unter der Armutsgrenze verdienen, sollten von Kita-Beiträgen komplett verschont werden, allenfalls die Mahlzeiten-Kosten tragen. Reichere Eltern müssten höhere Beiträge zahlen, wozu diese häufig auch bereit sind. Eine Deckungslücke müsste der Staat tragen. Die Bertelsmann-Stiftung hat im Jahr 2018 ausgerechnet, dass dies den Staat 730 Millionen kosten würde. 730 Millionen, die in den Nachwuchs in Deutschland investiert werden. In der Kita fängt die Sozialisierung an und auch die Integration. Daran sollte man nicht weiter sparen. Sonst bringen auch weiterhin sozial schwache Eltern ihre Kinder nicht in die Kita, womit die Wahrscheinlichkeit steigt, dass die Kinder später auch sozial schwach bleiben. Das kann nicht gewollt sein.

40. Wir bezahlen Gefährdern auch noch Geld

In Deutschland leben – wenn es nach einer Zählung der deutschen Sicherheitsbehörden geht – mehr als 760 sogenannte Gefährder. Damit sind Personen gemeint, denen man „schwere staatsgefährdende Straftaten" zutraut, z.B. Anschläge. Eine genaue Statistik darüber, wie viele davon von Sozialleistungen wie Hartz4 leben, gibt es nicht, aber immer wieder kommt bei Festnahmen oder Anschlägen ans Tageslicht, dass einzelne Gefährder auch noch vom Staat finanziert werden. So lebte z.B. der im Jahr 2018 nach Tunesien abgeschobene Gefährder Sami A., der der Leibwächter von Osama bin Laden war, über Jahre in Bochum und kassierte mit Frau und 4 Kindern monatlich 1167,84 Euro. Vom deutschen Steuerzahler finanziert. Die Polizei stufte ihn als so gefährlich ein, dass er sich jeden Tag bei der Polizei melden musste.

In Deutschland würden auch Terroristen, die mit Flugzeugen in Hochhäuser fliegen, staatliche Unterstützung erhalten. Während der Vorbereitungszeit und nach dem Anschlag. Die Empfänger lachen sich kaputt.

Lösungsvorschlag:

Gefährder, die aus anderen Ländern kommen, müssen viel schneller abgeschoben werden, ggf. die gesetzliche Grundlage dafür geschaffen werden. Gefährder müssen enger überwacht werden, auch vom Verfassungsschutz. Wer eine Straftat plant, gehört eingesperrt oder abgeschoben und nicht durch Überweisungen auch noch belohnt.

41. Mord ist in Süddeutschland weniger schlimm

Richter können in Deutschland im Rahmen gesetzlicher Vorgaben frei über das Strafmaß in einem Strafprozess entscheiden. Wenn das Gesetz zwischen 5 und 10 Jahre Gefängnisstrafe für eine Straftat vorsieht, kann der Richter den Einzelfall völlig frei würdigen und das Strafmaß selbst in diesem Rahmen festsetzen. Die Unabhängigkeit der Richter und deren fehlende Weisungsgebundenheit ist eine Grundfeste der deutschen Gerichtsbarkeit und das ist gut so. Allerdings haben einige bundesweit tätige Anwälte schon lange den Eindruck, dass bestimmte Gerichte besonders hart und andere besonders entgegenkommend verurteilen.

Der Wissenschaftler Volker Grundies, der am Max-Planck-Institut für ausländisches und internationales Strafrecht forscht, hat einmal durch die Auswertung von 1,5 Millionen Entscheidungen ausgewertet, ob es statistische Ausschläge der Entscheidungen an den rund 800 deutschen Amts- und Landgerichten gibt. Die Untersuchung bezieht sich auf die Zeiträume 2004, 2007 und 2010.

Drogendelikte ziehen im Landgerichtsbezirk Freiburg im Schnitt z.b. eine Strafe von 6,2 Monaten hinter sich her, in Braunschweig jedoch 9,3 Monate.

Bei Diebstahl und Unterschlagung geht man in Freiburg im Schnitt 2,1 Monate ins Gefängnis, - in Essen jedoch 3,5 Monate.

In Offenburg erhält man statistisch für einen Raub 23,7 Monate Strafe, während man in Koblenz dafür ein halbes Jahr länger ins Gefängnis geht: 29,3 Monate.

Ausgesprochen hohe Strafen gab es statistisch in Südhessen und Oberbayern, eher mildere Strafen in Baden.

Das Strafmaß hängt also nicht nur davon ab, was man gemacht hat, sondern auch, wo in Deutschland man es getan hat.

Wir finden: Das ist ungerecht.

Justitia sorgt für unterschiedliche Gerechtigkeit an unterschiedlichen Standorten (Bild: cc0 pixabay)

Lösungsvorschlag:

Die Experten haben die Problematik erkannt. Auf Juristentagen ist das Thema regelmäßig auf der Agenda, aber so richtig abrücken will von der bisherigen Praxis niemand.

Insider berichten davon, dass Richter an Amts- und Landgerichten eine regionale Strafmaßtabelle vorhalten, was dazu führen würde, dass sich die bisherigen Verhältnisse immer weiter fortsetzen.

Hilfreich wäre ggf. eine bundesweit gültige Strafmaßtabelle, die Richtwerte für bestimmte Tatzusammenhänge vorgibt. Entscheiden muss aber auch zukünftig ein Richter im Rahmen der gesetzlichen Mindest- und Höchststrafen selbst. Und zwar unabhängig.

Aber mit bundesweiten Richtwerttabellen, von denen er abweichen kann, wäre ggf. etwas mehr bundesweite Gerechtigkeit verbunden.

Beim deutschen Juristentag könnte man eine Strafzumessungskommission mit der Erstellung einer solchen Tabelle beauftragen. Erfahrene Richter, Staatsanwälte und Anwälte aus verschiedenen Bundesländern sollten daran mitwirken.

42. Reiche haben den besse-
ren Steuerberater

Reiche können sich den besseren Steuerberater leisten oder überhaupt einen. Wer richtig Geld verdient und etwas auf der hohen Kante hat, zahlt zwar viel Steuern, hat aber oft einen Steuerberater, der Gestaltungsmöglichkeiten kennt, die noch mehr Steuern sparen und die häufig kaum ein „Dorf-Finanzamtsmitarbeiter" durchblickt. Häufig fehlt das Wissen gegen gewiefte Steuerkonstruktionen vorzugehen und manche Steuerkonstruktionen nutzen tatsächlich legal Steuerschlupflöcher. Währen Otto-Normalverbraucher bei der Vermögensübertragung auf andere brav seine Steuern zahlt, wählen Reiche Konstruktionen, wie z.b. das Goldfinger-Modell, um Steuern zu umgehen. Wer z.b. eine Firma für viel Geld verkauft hat, kaufte für den Gegenwert einfach mit einer im Ausland eröffneten neuen Firma Gold und konnte so die komplette Steuer auf den Firmenverkauf in Deutschland umgehen. Das Goldfinger-Modell kostete den deutschen Fiskus mindestens einen dreistelligen Millionenbetrag, wenn nicht Milliarden.
Reiche, die sich als Hobby eine oder mehrere Yachten leisten oder auch Hubschrauber, kaufen diese natürlich nicht aus ihrem versteuerten Einkommen und betrachten dies als Privatvergnügen, sondern gründen eine Yacht-Vermietungsfirma und vermieten die Yacht (auf dem Papier) pro Jahr ein paar Mal an fünf reiche Freunde und schon können sie alle Kosten von der Steuer absetzen. Im Gegenzug mieten sie auch mal (auf dem Papier) den Heli des reichen Freundes oder machen Urlaub auf seiner Finca. Das hin und her überwiesene Geld gleicht sich aus oder wird in bar in irgendeiner Promibar übergeben. Eine Win-Win-Situation für alle Beteiligten. Während der Hobbyangler sein Angel-Boot privat bezahlen muss, darf der Jet-Set-Reiche seine millionenteure Yacht so von der Steuer absetzen. Die Konstruktion der Verträge wird von Profi-Anwälten aufgesetzt, große Banken helfen dabei. Die Firma wird in Paris, London oder Amsterdam angemeldet, - dahin bekommt der deutsche Betriebsprüfer ohnehin keine Reise

genehmigt, - sonst würde er auch feststellen, dass dort nur ein Steuerberater residiert, auf dessen Adresse zahlreiche Fast-Briefkasten-Firmen angemeldet sind. Wir finden, die faktische Absetzbarkeit von teuren Hobbys für Reiche ist UNGERECHT.

Möglicherweise wird diese Yacht nicht von der Steuer abgesetzt, - bei vielen Yachten, Helikoptern und Flugzeugen wird das Hobby aber steuerlich geltend gemacht. Ein Privileg für Reiche.

Lösungsvorschlag:
Für die Hyper-Reichen dieser Nation, die sich mit Hilfe guter Steuerberater um die Pflicht der Steuerzahlung drücken wollen, braucht es extrem gut ausgebildete Finanzamtsmitarbeiter in besonderen Stellen, die überhaupt in der Lage sind, schwierige Konstrukte zu überblicken und auch die Zeit haben, das zu durchforsten.
Liebhabereimodelle wie Yachtvermietung und Hubschraubervermietung muss auf Ernsthaftigkeit zeitnah geprüft werden, - insbesondere auch die tatsächliche Durchführung von Vermietungen und Geldflüssen.

43. Ungleiche Chancen auf Schulbildung

Bildung ist der Schlüssel zu Wohlstand und Sorgenfreiheit. Bildung gibt es in der Schule. Aber es haben nicht alle Kinder die gleiche Chance auf eine gute Schulbildung und daher ist es oft so, dass Kinder aus armen Haushalten auch später selbst arm bleiben oder werden. Wer im Hartz4-Haushalt groß wird, hat eine deutlich größere Wahrscheinlichkeit, später auch zu einem Hartz4-Fall zu werden als andere Kinder.

Kinder aus ärmeren Haushalten, d.h. Haushalten, in denen das Haushaltseinkommen der beiden Eltern sehr niedrig ist, wohnen häufig in Wohngebieten, wo sie sich die Wohnung so gerade noch leisten können. Dort wohnen dann i.d.r. gehäuft Personen, die arm sind und auch aus bildungsfernen Schichten kommen. Das führt dazu, dass in den Schulen dort das Bildungsniveau durch das ständige Rücksichtnehmen auf zahlreiche schwache Schüler im Klassenverbund deutlich niedriger ist. Aus der Rütli-Schule in Berlin werden deutlich weniger Akademiker hervorgehen als aus einem Gymnasium in Bad Homburg. Bei Geburt sind aber im Prinzip beide Kinder gleich gewesen. Die Sozialisation und das soziale Umfeld der Eltern bestimmten die Chancen auf eine höhere Bildung für das Kind und damit auch die Chance, aus diesem Teufelskreis auszubrechen.

Kinder reicher Eltern können sich teure Nachhilfelehrer leisten oder können gar darauf klagen, dass deren Kind auf eine andere Schule gehen darf. Das ist für ärmere Eltern schwierig bis unmöglich. Selbst bei schlechten Noten klagt der eine andere Elternteil schon mal und macht damit Druck bei Lehrern. Können sich ärmere Eltern nicht leisten.

Bei ärmeren Eltern wohnen häufig mehrere Kinder in einem Kinderzimmer und können sich allein schon lärmbedingt dadurch nur schwer auf das Lernen oder die Hausaufgaben konzentrieren. Kinder reicher Eltern haben häufig pro Kind ein eigenes Kinderzimmer und damit bessere Lernbedingungen für das Kind. Reiche Eltern können ihrem Kind PC und Tablet incl. schneller Internetverbindung zur Verfügung stellen, ärmere Kinder müssen zur Internetnutzung in die Stadtbibliothek oder der einzige PC im Wohnsitzer der Wohnung wird vom saufenden Vater in Beschlag genommen, der zuhause am Sofa Ballerspiele darauf spielt. So ist vorprogrammiert, dass auch aus dem Kind mit an Sicherheit grenzender Wahrscheinlichkeit später niemand wird, der über ein größeres Einkommen verfügt.

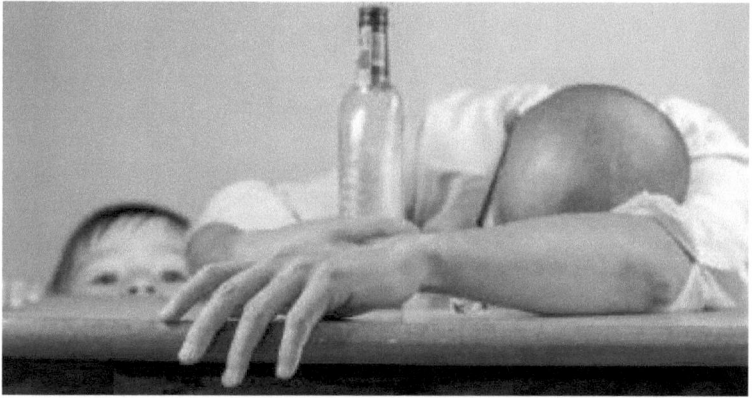

Ist der Vater oder die Mutter arm oder säuft sogar, ist die Wahrscheinlichkeit auf eine unzureichende Bildung des Kindes deutlich größer.

Lösungsvorschlag:

Für sozial schwache Kinder müssen von der Schule mehr ergänzende Lernangebote auf kostenloser Basis angeboten werden. Lernmittel wie Tablet müssen von der Schule bei sozial schwachen, aber daran interessierten Schülern zur Verfügung gestellt werden, wenn das Kind zeigt, dass es damit verantwortungsvoll umgehen kann. Kleinere Klassenverbünde ermöglichen mehr individuelles Eingehen auf Schüler in problembehafteten Vierteln.

44. Eigenes Leben beenden verboten

So manch unheilbar Schwerkranker wünscht sich in Deutschland, sein Leben selbst würdig beenden zu dürfen. Man darf sich am Baum aufhängen, vor den Zug schmeißen, mit dem Auto vor einen Brückenpfeiler fahren, aber man darf nicht die viel würdevollere Methode der Sterbehilfe durch Medikamente in Anspruch nehmen. Auch bei nachweislich unheilbaren Krankheiten und schweren Verläufen werden ordnungsgemäß gestellte schriftliche Anträge auf ein tödliches Medikament beim Bundesinstitut für Arzneimittel und Medizinprodukte abgelehnt. Manchen Patienten bleibt dann nur der Weg des Verhungerns und Verdurstens bis die Organe versagen. Schön ist anders.

Diese Vorgehensweise der Behörden und auch der Bundesregierung ist erstaunlich, denn bereits am 2.März 2017 hat das Leipziger Bundesverwaltungsgericht geurteilt, das der Staat bei unheilbar kranken Personen im extremen Einzelfall den Zugang zu einem Betäubungsmittel zum Zweck der Selbsttötung nicht verweigern darf. Z.B. mittels Natrium-Pentobarbital.

Das Bundesinstitut für Arzneimittel und Medizinprodukte (BfArM) lehnt die Anträge auf tödliche Mittel regelmäßig ab, weil das Bundesgesundheitsministerium die Weisung erteilt habe, Anträge zum Erwerb solcher tödlichen Präparate „wegen unsicherer Rechtslage" abzulehnen.

Von etwas über 100 Anträgen auf solche Medikamente seit dem Urteil im Jahr 2017 wurden über 90 vom Institut abgelehnt, einige wenige seien noch in Bearbeitung. Positiv beschieden wurde noch kein einziger Antrag, dabei hatte das Gericht in Leipzig doch eine deutliche Messlatte für die Entscheidung gelegt:

Ein Antrag müsse dann positiv entschieden werden, wenn:

- der Betroffene unheilbar krank ist

- starke Schmerzen habe
- eine Schmerzlinderung nicht möglich ist
- ein unerträglicher Leidensdruck vorhanden ist
- der Betroffene müsse entscheidungsfähig sein
- keine andere Möglichkeit zur Sterbewunsch-Umsetzung möglich ist.

Kaum vorstellbar, dass bei allen abgelehnten Anträgen die Punkte alle nicht zugetroffen haben sollen.

Jedes Pferd und jeden Hund erlöst man durch den Tod von seinem Leiden – aber ein Mensch soll dies nicht frei für sich selbst entscheiden können?
Wir finden, das ist UNGERECHT.

Mit welchem Recht bestimmt ein Dritter, dass ich als Dauerpflegefall mit Schmerzen und schwerer Krankheit in einem Pflegeheim vor mich hinvegetieren muss?

Richtig ist, dass man das geschäftsmäßige Fördern von Sterbehilfe verbieten oder streng reglementieren sollte. Wer sich jedoch aus freien Stücken dafür entscheidet, sollte es seinen Angehörigen nicht antun, dass die eine Leiche auf den Bahngleisen in Einzelstücken identifizieren müssen.

Auch der Bundesgerichtshof hat im Jahr 2019 im Falle zweier Mediziner, die zwei über 80-jährige Frauen bei der Selbsttötung behilflich waren, eine Strafbarkeit verneint. Der BGH sollte klären, ob sich die Mediziner nicht wenigstens der Tötung durch Unterlassen (einer Rettung) schuldig gemacht haben und verneinte das.

Aber wie unbefriedigend ist eine Rechtslage, wo man in jahrelangen Prozessen klären muss, ob man sich selbst töten darf oder nicht? Und warum reagiert die Bundesregierung nicht einfach einmal auf die Rechtsprechung? Der BGH sprach die Mediziner im Jahr 2019 mit Urteil 5 StR 132/18 und 5 StR 393/18 frei, die sich auf Selbsttötungen von Patientinnen im Jahr 2012 und 2013 bezogen.

Der BGH begründete, dass eine Patientin, die nicht aufgrund einer psychischen Störung, sondern aus freiem Willen „lebensmüde" ist, auch das Recht auf einen Sterbewunsch hat.

Wenn jemand selbst sterben möchte, unterliegt auch ein Arzt nicht der ansonsten jedem nach § 323c StGB obliegendem Hilfspflicht. Man kann ihn einfach sterben lassen. Klare Worte eines Bundesgerichtshofs.

Bisher ist im Strafgesetzbuch die Sterbehilfe wie folgt geregelt:

§ 217 StGB Geschäftsmäßige Förderung der Selbsttötung
(1) Wer in der Absicht, die Selbsttötung eines anderen zu fördern, diesem hierzu geschäftsmäßig die Gelegenheit gewährt, verschafft oder vermittelt, wird mit **Freiheitsstrafe** *bis zu drei Jahren oder mit Geldstrafe bestraft.*

(2) Als Teilnehmer bleibt straffrei, wer selbst nicht geschäftsmäßig handelt und entweder als Angehöriger des in Absatz 1 genannten anderen ist oder diesem nahesteht.

Das deutsche Gesundheitsministerium gönnt einigen Patienten nicht die letzte Ruhe und lässt sie lieber leiden. Obwohl Gerichte dies längst anders entschieden haben.

Lösungsvorschlag:

Die Bundesregierung sollte die Weisung, ein höchstrichterliches Urteil nicht zu beachten, zurücknehmen. Ein solcher Vorgang ist in einem Rechtsstaat ohnehin bedenklich. Wohin kommen wir denn, wenn ein Ministerium erklären kann, dass „Rechtsprechung nicht zu beachten" ist. Wie will man dann zukünftig dem Bürger erklären, dass er Rechtsprechung und Gesetze beachten soll, wenn es selbst Minister nicht tun?

Das Urteil aus Leipzig legt eigentlich schon die Richtschnur fest:

Wer nachweislich schwer krank ist und an einer Krankheit leidet, nach aktuellem Stand der Wissenschaft als nicht heilbar gilt und darunter extrem leidet, sollte sich für ein Ende des Lebens entscheiden dürfen. Nachweislich freier eigener Wille vorausgesetzt. Man mag dies im Fall von Patientenverfügungen an Bedingungen knüpfen, z.B. dass die Verfügung maximal 5 oder 10 Jahre alt sein darf oder dass die Unterschrift unter eine solche Verfügung notariell beglaubigt sein muss, - aber der der jetzige Status, dass praktisch nur halblegale Möglichkeiten offen sind, ist nicht zufriedenstellend. Es führt die Menschen allenfalls in Ausland. Aber auch nur die, die es sich leisten können. Und auch das ist ungerecht.

Die Schweiz hat als neutraler Staat einen Status, in dem Sterbehilfe erlaubt ist, wenn man nicht Dritte aus egoistischen Gründen in den Selbstmord treibt.

Warum sollte in Deutschland nicht möglich sein, was in der Schweiz erlaubt ist?

Länder, in denen Beihilfe zur Selbsttötung in Europa erlaubt ist:

- Belgien: legal
- Luxemburg: legal
- Niederlande: legal
- Schweden: legal durch Privatpersonen
- Schweiz: legal, soweit keine selbstsüchtigen Beweggründe Dritter vorliegen

45. Azubis über Gebühr aus-genutzt

Früher mussten Schulabgänger um einen Ausbildungsplatz bangen, sich bei zahlreichen Firmen beworben, damit sie überhaupt einer genommen hat. Mittlerweile gibt es in vielen Branchen einen Mangel an geeigneten Auszubildenden, weil die Ära der geburtenstarken Jahrgänge vorbei ist und, weil immer mehr junge Leute studieren wollen. Dennoch zahlen einige Betriebe und Branchen ziemlich niedrige Ausbildungsvergütungen und wundern sich, warum sie nicht genug Azubis bekommen. Auszubildende sollen häufig eine 3-jährige Lehre machen und erhalten im Regelfall im ersten Ausbildungsjahr schon weitgehend alle praktischen Tätigkeiten vermittelt, sodass sie häufig spätestens im zweiten und dritten Lehrjahr wie vollwertige Arbeitskräfte eingesetzt werden können. Während Firmen wie ALDI oder LIDL dies honorieren und Azubis im dritten Lehrjahr z.B. mind. 1200 Euro zahlen (+ Sonderzahlungen) und bei der Ausbildung zum geprüften Handelsfachwirt nach 18 Monaten sogar rund 2.400 Euro, gibt es immer noch zahlreiche Branchen, die glauben, mit niedrigen Ausbildungsvergütungen billige Arbeitskräfte einkaufen zu können.

So erhalten z.B. die folgenden Azubis im ersten Lehrjahr nur sehr niedrige Vergütungen (Stand Okt. 2018):

- Optiker: 524 Euro
- Bäcker: 565 Euro
- Dachdecker: 650 Euro
- Fachverkäufer Lebensmittel: 585 Euro
- Fotograf: 350 Euro
- Friseur: 498 Euro
- Maler/Lackierer: 620 Euro
- Raumausstatter: 498 Euro

Ein Bäcker-Azubi macht i.d.R. häufig spätestens nach einem halben Jahr nahezu die gleichen Arbeiten wie ein Geselle, hat häufig unchristliche Arbeitszeiten, erhält aber dafür nur 565 Euro. Das wird auch dadurch nicht gerechter, dass man berücksichtigen muss, dass Azubis im Regelfall einen Tag in der Woche wegen Berufsschulunterricht ausfallen, manchmal auch 1,5 Tage. Die Vergütung steht in keinem Verhältnis zur erbrachten Arbeitsleistung.

Während vor 20-30 Jahren Azubis häufig noch bis zum Ende der Ausbildung bei den Eltern gewohnt haben, ist Hotel Mama bei der heutigen Jugend nicht mehr so angesagt. Junge Leute wollen früher auf eigenen Beinen stehen und haben oft schon während der Ausbildung den Ehrgeiz, einen eigenen Hausstand mit einem Partner zu gründen. Das mag bei einer Ausbildung bei Aldi oder Lidl funktionieren, wird aber finanzierungstechnisch schwierig im Bäckerhandwerk.

Gleichzeitig beschweren sich die Handwerkskammern, dass es nicht genug Auszubildende gibt.

Im dritten Lehrjahr bekommt ein Bodenleger-Azubi in Deutschland häufig 680 Euro, darf aber genauso arbeiten wie ein Geselle. DAS IST UNGERECHT.

Eine Restaurantfachfrau im dritten Ausbildungsjahr wird häufig als Bedienung eingesetzt, erhält dafür aber nur 920 Euro. Brutto wohlgemerkt. In manchen Restaurants und Hotels wird dabei es dann mit der Höchstarbeitszeit pro Tag auch nicht so genau genommen, d.h. es fallen noch unbezahlte Überstunden an.

Es kann auch nicht sein, dass das Dinkelbrötchen im Laden 80 Cent pro Stück kostet, aber der Auszubildende, der es backt, einen Hungerlohn bekommt.

Eine Auszubildende im Bäckereihandwerk schuftet schnell wie ein Geselle, erhält aber nur einen Bruchteil der Vergütung. Und das für Arbeiten zu Zeiten, wo ihre Freunde schlafen. Das muss geändert werden.

Lösungsvorschlag:

Auch wenn ein Aufschrei durch die Innungen geht und viele Betriebe zunächst aufschreien werden, dass sie dann keine Auszubildenden mehr einstellen können, müssen die Vergütungen bei den Berufsbildern, bei denen die Vergütung heute bei unter 1000 Euro liegt, angehoben werden. Auf über 1000 Euro. Mindestens ab dem zweiten Lehrjahr, übergangsweise ggf. zunächst ab dem dritten Lehrjahr. Alles andere erinnert an Sklaverei und ist nicht mehr zeitgemäß.

In Zeiten, in denen Firmen schon Prämien zahlen, wenn man einen Auszubildenden dazu bringt, dort anzufangen, sollte der Blick auf die Azubi-Vergütungen die erste Pflicht sein. Nicht nur bei den typischen Ausbeuterberufen wie Friseur.

Wie sollen junge Leute sonst das Leben finanzieren, wenn die Miete für eine kleine Wohnung oft schon höher ist als die Ausbildungsvergütung. Hier stimmen die Verhältnisse nicht mehr.

Durch eine Anhebung könnten ggf. auch Ausbildungsabbrüche reduziert werden und mehr junge Leute zur Aufnahme einer Ausbildung motiviert werden. Deutschland braucht nicht nur Akademiker, sondern auch Menschen, die Häuser bauen und Autos reparieren.

46. Nachtarbeit wird teilweise noch zu schlecht bezahlt

Früher einmal in seinem Leben Nachtarbeit geleistet hat und dies öfters und in wechselnden Schichten, weiß, wie belastend dies für den Körper sein kann. Dennoch wird Nachtarbeit immer noch zu schlecht bezahlt. Zwar gibt es Zuschläge, doch viele Betriebe sehen beispielsweise weniger Zuschläge vor, wenn die Nachtarbeit regelmäßig erfolgt und nicht in Wechselschichten. So sah z.b. der Manteltarifvertrag der Metallindustrie von 2018 vor, dass für unregelmäßige Nachtarbeit 50% Zuschlag zum Stundenlohn fällig wird, bei regelmäßiger Nachtarbeit, z.b. 5 Tage nacheinander nur 15% Zuschlag zu zahlen sind.

15% Zuschlag dafür, dass man tagsüber schlafen muss. Tagsüber, wenn der Nachbar mit dem Aufsitzrasenmäher den Rasen mäht, der Hausmeister den Laubbläser rausholt und der Paketdienst klingelt, weil er gerne das Paket für den Nachbarn bei einem selbst abgeben möchte. Das ist zu wenig. Eine solche Ungleichbehandlung im konkreten Einzelfall hat das Landesarbeitsgericht Bremen dankenswerterweise mit Urteil vom 10.4.2019 gekippt (3 Sa 12/18), aber sie wird teilweise immer noch in Betrieben gelebt.

Supermärkte öffnen teilweise bis 22 Uhr, Bäckereiketten beordern ihre Mitarbeiter auch am Sonntag in den Laden, um Brötchen zu verkaufen. Verkaufsbeschränkungen werden umgangen, indem man an die Bäckerei ein Café angliedert, dann darf man länger geöffnet haben. Kann man alles machen, aber dann muss man auch die Leute, die am Sonntag oder nachts arbeiten, vernünftig bezahlen.
Alles andere ist ungerecht.

Der Tagschlaf ist weit weniger erholsam als ein nächtlicher Schlaf. Das sollte bei Schichtarbeit durch vernünftige Bezahlung ausgeglichen werden.

Lösungsvorschlag:
Nachtarbeit und Sonntagsarbeit sollte zwanghaft einen Zuschlag von 50% auslösen. Unabhängig davon, ob das regelmäßig oder unregelmäßig der Fall ist. Um Firmen nicht zu überfordern, kann man von bestehenden Regelungen in zwei Stufen auf dieses Niveau anpassen. Von der Rechtsprechung werden regelmäßig **Mindest**zuschläge von 25-30% als angemessen angesehen. Auch das Schlupfloch der Ausnahmeregelung, dass nachts häufig weniger zu tun sei, sollte geschlossen werden. Auch wenn nachts weniger zu tun ist, haut man sich dennoch die Nacht um die Ohren und kann im Regelfall tagsüber schlechter schlafen. Wenn das Bundesarbeitsgericht in einem Verfahren zum Mindestlohn bei einem Zeitungszusteller 30% Zuschlag für Dauernachtarbeit für rechtens gehalten hat, ist dies eher die untere Grenze und sollte im Interesse der Arbeitnehmer durch eine gesetzliche Regelung im Arbeitszeitgesetz auf einem höheren Niveau fixiert werden. Wer seine Gesundheit ruiniert, sollte wenigstens gescheit dafür

bezahlt werden. In vielen Studien wurde nachgewiesen, dass der Schlaf tagsüber weniger erholsam als der Nachtschlaf ist und die Regeneration daher im Regelfall nicht ausreichend stattfindet. Dadurch kann das Immunsystem nicht ausreichend arbeiten.

47. Kirchensteuer ist ungerecht

In Deutschland gibt es Menschen mit zahlreichen unterschiedlichen Religionszugehörigkeiten. Aber nur für die katholische und evangelische Kirche zieht der Staat die Kirchensteuer ein. Nicht für Zeugen Jehovas und nicht für Moslems. Die meisten Menschen, die katholisch oder evangelisch getauft werden, werden diesem Vorgang unterzogen, noch bevor sie darüber nachdenken können. Auch Firmung, Konfirmation oder Erstkommunion erfolgen in einem Alter, in dem man solche Familienfeiern üblicherweise wegen der Geschenke über sich ergehen lässt und es zumeist noch an der Reife fehlt, darüber tatsächlich eine eigene Entscheidung zu treffen …und schon ist man in der Kirchensteuerfalle. Wer katholisch oder evangelisch ist, zahlt Kirchensteuer. Punkt. Oder tritt aus der Kirche aus. An Gott glauben ohne Kirchensteuer zu zahlen, ist in Deutschland nicht möglich. Wir halten das Kirchensteuersystem in Deutschland gleich in mehrfacher Hinsicht für ungerecht.

Hohe Kirchensteuereinnahmen führen zu mangelndem Reformwillen in den Kirchenorganisationen, in denen sich dadurch beamtenähnliche Strukturen zementieren. Beamtenmentalität breitet sich in der kirchlichen Verwaltung aus, da ein hoher jährlicher Zustrom an Kirchensteuern erfolgt, der „verwaltet" und nicht verdient oder erarbeitet werden muss.

Ca. 40% der Steuerzahler sind zur Kirchensteuerzahlung verpflichtet und finanzieren damit auch kirchliche Krankenhäuser und Kindergärten, die aber auch von den Nicht-Kirchensteuerzahlern genutzt werden können. Das mag man als christliche Nächstenliebe ansehen, aber es ist ungerecht. Die katholischen Erzdiözesen schieben teilweise drei- und vierstellige Millionenbeträge in Fonds vor sich her und erfreuen sich dank boomender Konjunktur trotz Mitgliederschwund an steigenden Kirchensteuereinnahmen. Gleichzeitig dünnen sie die Leistungen aus: Gemeinden werden zusammengelegt, die Anzahl der Gottesdienste gestrichen und es gibt immer weniger Priester. Und das alles bei steigenden Kirchensteuereinnahmen. Auch das ist ungerecht.

Wenn Kirchenabgaben freiwillig gezahlt würden oder kirchliche Dienstleistungen transparenter finanziert werden, wäre die Kirche auch näher an den Gemeindemitgliedern und volksnäher. Das muss nicht bedeuten, dass die Kirche ihre Prinzipien aufgeben muss und die 10 Gebote über den Haufen wirft, aber es würde dazu führen, dass man sich mehr an den Wünschen und Bedürfnissen der Mitglieder orientiert und die Verwaltung straffen müsste.

Trotz großer kirchlicher Vermögensverwaltungen und Millionen von Kirchensteuereinnahmen wird aktuell in einigen Gemeinden sonntäglich über den Klingelbeutel „für die Beleuchtung und Heizung in der Kirche" gesammelt. Das empfinden einige Gläubige nicht mehr als Humoreske, sondern als Unverschämtheit.

Eine Eintreibung der Kirchensteuer über das Finanzamt gibt es fast nur in Deutschland. In Österreich zahlen die Kirchenmitglieder einen Kirchenbeitrag, für dessen Erhebung die Kirchen selbst verantwortlich sind. Für die Mitglieder der katholischen Kirche sind dies beispielsweise 1,1% vom Bruttoeinkommen, allerdings gibt es verschiedene Faktoren und Freibeträge, die berücksichtigt werden können. Wer nicht zahlt, bzw. falsche Angaben macht, wird im Regelfall mit keiner Pfändung rechnen müssen – anders als in Deutschland.

Das es auch andere Lösungen hinsichtlich der Kirchenfinanzierung gibt, sieht man bei einem Blick auf europäische Nachbarn. Wie finanzieren sich die Kirchen in anderen Ländern:

- Frankreich: Kirchen finanzieren sich über Spenden, erhalten teilweise eine staatliche Förderung (Ausnahme: drei östliche Departments)
- Belgien: Pfarrer werden wie Beamte vom Staat bezahlt, Gemeinden müssen ihre Gebäude selbst unterhalten
- Griechenland: Der Staat zahlt die Pfarrer

- Großbritannien: Die Kirchen finanzieren sich aus eigenem Vermögen und Spenden
- Italien: Hier gibt es eine obligatorische Kultur- und Kirchensteuer (8% vom Bruttoeinkommen), der Steuerzahler gibt an, welcher Religionsgemeinschaft das zugutekommen soll
- Finnland: Hier gibt es eine Kirchensteuer, aber der Satz beträgt nur 1 bis 2 % vom zu versteuernden Einkommen. Auch Unternehmen zahlen dort diese Kirchensteuer
- Schweden: Ein Kirchenbeitrag wird von der staatlichen Steuerbehörde eingezogen
- Portugal: Die Kirche finanziert sich aus eigenem Vermögen. Kirchenmitglieder der „verwurzelten" Kirchen können 0,5% ihrer Einkommensteuer zu religiösen oder wohltätigen Zwecken bestimmen, was dann in der Steuererklärung vermerkt werden muss. Die Kirchen erhalten dieses Geld dann von der Finanzverwaltung, - wenn sie auch einen Jahresbericht über die Mittelverwendung abgeben.
- Dänemark: Der Staat bringt 3/5 der Pfarrergehälter auf, ebenso die Löhne für die Kirchendiener, -musiker und einen Großteil des Unterhalts für die Kirchengebäude. Es gibt auch eine Kirchensteuer, die von der Ortsgemeinde festgesetzt wird. Diese ist in den Kommunalsteuern enthalten. Die Höhe beträgt bis zu 7% und wird vom Arbeitgeber im Rahmen des Lohnsteuerabzugs erhoben

Das bisherige Kirchensteuersystem macht es in Deutschland auch erforderlich, dass man dem Arbeitgeber offenbart, an welchen Gott man glaubt. Eigentlich eine höchstpersönliche Angelegenheit. Niemand würde verlangen, dass man dem Arbeitgeber gegenüber angibt, wen man bei der Bundestagswahl wählt, aber an welchen Gott man glaubt, soll man angeben.

Studenten, Schüler und Rentner zahlen häufig überhaupt keine Kirchensteuer. Gerade Rentner machen aber einen Großteil der Kirchenbesucher aus.

Die Kirchensteuer ist auch deshalb ungerecht, weil sich Gutverdiener mittels einer Kirchensteuerkappung mit der Kirche auf einen reduzierten Satz einigen können. Statt 8 oder 9% von der festgesetzten Einkommensteuer zahlt man dann weniger, weil sogenannte Kappungssätze festgelegt werden, z.b. maximal 3 oder 4% des zu versteuernden Einkommens.

Das Erzbistum München-Freising verfügt über mehr als sechs Milliarden Euro Vermögen und gilt als das reichste Bistum Deutschlands. Zahlreiche Stiftungsvermögen und Gebäude müssten eigentlich noch addiert werden. Dennoch vereinnahmt auch dieses Bistum Kirchensteuern. Auch Paderborn mit ca. 4 Milliarden Euro und Köln mit rund 3,4 Milliarden Euro stehen nicht völlig verarmt dar.

Von wieviel Kirchensteuer sprechen wir?
Im Jahr 2017 vereinnahmten die Katholiken z.b. 6,4 Milliarden bundesweit, die evangelischen Kirchen 5,6 Milliarden Euro, wenn die Zahlen der Deutschen Bischofskonferenz stimmen.

Die Kirchensteuereinnahmen beider großen Kirchen in Deutschland steigen seit Jahren und doch klagen die Kirchen, dass es bei stetig steigenden Einnahmen und stetig sinkender Leistung immer „enger wird":

Kirchensteuereinnahmen der katholischen Kirche seit 2010:

- 2010: 4,794 Milliarden Euro
- 2011: 4,918 Milliarden Euro
- 2012: 5,188 Milliarden Euro
- 2013: 5,450 Milliarden Euro
- 2014: 5,681 Milliarden Euro
- 2015: 6,086 Milliarden Euro
- 2016: 6,146 Milliarden Euro
- 2017: 6,427 Milliarden Euro

Quelle: Sekretariat Deutsche Bischofskonferenz

Nach Enteignungen der Kirche im 19.Jahrhundert wurden überdies noch weitere staatliche Zahlungen an die Kirche vereinbart,
z.b. übernimmt der Staat in Deutschland Bischofsgehälter.

In Deutschland muss man als Christ zwangsweise Kirchensteuern
zahlen. Ob Gott das so gewollt hat?

Lösungsvorschlag:

Eine Adaption des italienischen Modells einer Kultursteuer. Dort
werden 0,8% der Lohn- und Einkommensteuer für Kultur- oder
Religionszwecke einbehalten. Dies könnte in Deutschland auch
eingeführt werden. Der Steuerzahler hat das Recht, zu wählen für
welche Organisation das abgeführt wird: Für eine anerkannte
Religionsgemeinschaft oder einen gemeinnützigen Verein, der auf
einer Liste der zulässigen Organisationen steht, z.b. Rotes Kreuz,
Tafeln etc.

Darüber hinaus müssten sich die Kirchen selbst finanzieren und mehr Spenden akquirieren. Alternativ kann man auch auf freiwillige Spendenbasis umstellen. Was bei Zeugen Jehovas funktioniert, sollte auch bei der katholischen Kirche möglich sein.

Hier wird zunächst ein Aufschrei durch die Kirchen gehen, aber dies wird mittelfristig dazu führen, dass es in Bischofssitzen keine goldenen Wasserhähne mehr gibt, Bischöfe keine Mercedes E-Klasse mehr fahren und Verwaltungen schlanker werden. Im Gegenzug kann man höhere Gebühren für Hochzeiten oder Grabreden einführen.
Katholische Kindergärten leben auch jetzt schon zum Großteil von Beiträgen und städtischen Zuschüssen.

Im Durchschnitt zahlte ein Katholik im Jahr 2018 übrigens 291 Euro Kirchensteuern, ein Protestant 278 Euro. Wer das im Jahr nicht als freiwillige Spende für seine Glaubensgemeinschaft aufbringen will, kann es entweder wirklich nicht, oder steht nicht hinter seiner Glaubensgemeinschaft.

Bisher erhält der deutsche Staat für den Vorgang des Einziehens pro Jahr knapp 400 Millionen Euro, 3% der Kirchensteuern, die er einzieht. Das Geld könnte man sicher effizienter verwenden.

Die Welt geht bei den Kirchen auch nicht unter, wenn die Kirchensteuer wegfällt. Bei der evangelischen Kirche stellt die Kirchensteuer nur rund 43% der Einnahmen dar (Quelle EKD 2018), der Rest wird durch Zuschüsse, Elternbeiträge, Mieteinnahmen, Spenden etc. aufgebracht. Bei Wegfall der Kirchensteuer würde vermutlich der freiwillige Spendenanteil deutlich steigen.

Die Frage der Kirchensteuer wird sich in Deutschland mit zunehmender Zuwanderung aus nicht-christlichen Ländern immer deutlicher stellen. Die Politiker sind wohl beraten, rechtzeitig Lösungen zu suchen.

Die Kirchen sind auch wohl beraten, den zunehmenden Kirchenaustritten entgegen zu wirken. Im Jahr 2017 verloren die beiden großen Kirchen in Deutschland rund 660.000 Mitglieder – wegen Austritten und dem demografischen Wandel. Die Kirchensteuer und deren in den Augen der Austretenden nicht sinnvolle Verwendung ist ein Hauptgrund für Austritte. Neben Missbrauchsskandalen und fehlenden Antworten der Kirche auf zeitgemäße Fragen.

Wenn es in Frankreich gelingt, nach dem Brand in der Kirche Notre Dame über eine Milliarde an Spenden zusammen zu bekommen, sollte es doch auch gelingen, bei einem Wegfall der Kirchensteuer, Spenden der Gläubigen zu akquirieren.

48. Pflege zuhause wird schlecht bezahlt

Wer sich dazu entschließt, einen Verwandten zuhause zu pflegen, sollte über ein dickes finanzielles Polster verfügen. Ansonsten wird er nicht nur selbst krank, weil er an den Rand seiner Leistungsfähigkeit geht, sondern auch noch arm. Deutschland hat schon richtige Schritte unternommen, um Pflege zuhause zu fördern, aber es ist immer noch wirtschaftlich für kaum jemanden tragbar.

Wer einen Verwandten pflegt, darf nach dem Pflegezeitgesetz bis zu 10 Tage seiner Arbeit fernbleiben oder auch für eine bis zu sechs Monate dauernde Pflegezeit von der Arbeit freigestellt werden. Und dann?

Wer hat nicht in seiner Verwandtschaft oder Bekanntschaft einen Fall eines pflegebedürftigen älteren Menschen, der über Jahre der Pflege bedarf. Ggf. noch dement ist und den Pflegenden an den Rand seiner Leistungsfähigkeit oder den Wahnsinn treibt. Bei aller Liebe.

Es ist gut, dass es ggf. für bis zu zehn Arbeitstage Pflegeunterstützungsgeld in Höhe von 90% des ausgefallenen Nettoentgelts gibt, aber was ist danach. Was ist mit Angestellten in Kleinbetrieben mit unter 16 Beschäftigen, wo die Regelung nicht gilt?

Was ist bei jahrelanger Pflege?

Selbst bei höchster Pflegestufe erhält man nur monatlich 901 Euro, was nur einem Bruchteil dessen entspricht, was die Pflegekasse bei stationärer Unterbringung bezahlen müsste.

Das bedeutet, die häusliche Pflege, die der zu pflegende sicher bevorzugt, wird deutlich schlechter bezahlt als die Pflege in einem Heim, welches gewinnorientiert denkt und arbeitet.

Warum ist das so? Warum kann man nicht die Pflege zuhause durch einen Angehörigen adäquat bezahlen?

Im Jahr 2017 gab es in Deutschland 3.414.000 erfasste Pflegebedürftige, wovon im Pflegeheim 818.000 Menschen gepflegt wurden.

Die durchschnittliche Pflegedauer beträgt zwischen 6 und 7 Jahren, - bei den über 60-Jährigen zwischen 4 und 5 Jahren. Was nutzen da 10 Tage oder 6 Monate?

Bisher rutschen viele Personen, die jemanden zuhause pflegen, selbst sozial ab, bis hinein in die Sozialhilfe. Das ist ungerecht.

Für die Pflege zuhause würden sich mehr Enkel und Kinder entscheiden, wenn der Verdienstausfall kompensiert wird.

Lösungsvorschlag:
Wer Angehörige vernünftig zuhause pflegt, muss deutlich höhere Sätze erhalten als bisher. Voraussetzung: Zertifizierter Pflegekurs wurde besucht und eine neutrale Stelle wie Medizinischer Dienst o.ä. kontrolliert dies mindestens 1-2x jährlich.

Das Modell würde sich vermutlich in sich rechnen, da den Pflegekassen dadurch höhere Aufwendungen für Pflegeheime erspart werden, da sich ein größerer Prozentsatz für die Pflege daheim entscheidet.

Man muss es wirtschaftlich aber überhaupt erst ermöglichen. Für 901 Euro monatlich kann vermutlich niemand auf sein komplettes Arbeitseinkommen verzichten, um jemanden zu pflegen. Zahlt man aber 1600 oder 1800 Euro für eine Vollzeitpflege, fallen sicher einige Pflegeheim-Einweisungen weg und Angehörige entscheiden sich für eine Pflege zuhause.

49. 25 Euro Haftentschädigung am Tag

Es passiert nicht Hunderten von Menschen, aber denjenigen, denen es passiert, wird übel mitgespielt: Wer zu Unrecht im Gefängnis sitzt und das Glück hat, das irgendwann doch jemand merkt, dass er die Tat gar nicht begangen haben kann, erhält in Deutschland für jeden Tag Haft 25 Euro. Abzüglich des „geldwerten Vorteils der kostenlosen Verpflegung". Dieser Satz von 25 Euro ist in Stein gemeißelt und gilt unabhängig von der Haftlänge. Derjenige, der zu Unrecht nur 4 Wochen in Untersuchungshaft sitzt, erhält ihn in gleicher Höhe wie derjenige, der 5 Jahre zu Unrecht in Haft saß. Wer innerhalb weniger Wochen klären kann, dass ihm Unrecht geschieht, mag möglicherweise halbwegs rehabilitiert werden, - aber wer nach 5 Jahren das Licht der Welt wieder erblickt, stellt häufig fest, dass der Arbeitsplatz gekündigt wurde, der Partner weggelaufen ist, die Freunde sich ggf. distanziert haben und wenn man Pech hatte, wurde noch das Haus zwangsversteigert. Gerne auch, um die Prozesskosten zu bezahlen. Wer dann rauskommt, hat nicht nur die Blicke der ehemaligen Nachbaren zu ertragen („…irgendwas wird schon dran sein."), sondern leidet auch unter wirtschaftlichen Problemen. Mit 25 Euro pro Gefängnistag kann das nicht wettgemacht werden. Erst recht nicht, wenn dann zynischer Weise noch ein Anteil für die Verpflegung abgezogen wird.

Das Gesetz über die Entschädigung für Strafverfolgungsmaßnahmen (StrEG) sieht zwar die Möglichkeit vor, dass man zusätzlich zu den 25 Euro noch weitergehenden Schadenersatz geltend machen kann, den man aber nachweisen muss. Insbesondere muss man nachweisen, dass der Schaden nur dadurch entstanden ist, dass man im Gefängnis war. Wie soll man beweisen, dass die Frau nur weggelaufen ist, weil man im Gefängnis war? In der Praxis gelingt es kaum jemandem, einen höheren Schadenersatz durchzusetzen.

Selbst die Justizministerkonferenz in Deutschland hat 2017 festgestellt, dass der Satz von 25 Euro eigentlich zu niedrig ist, - aber geändert wurde bis heute nichts.

Die durchschnittliche zu Unrecht erlittene Haftdauer ist gar nicht so kurz: Die Kriminologische Zentralstelle hatte 2017 im Auftrag der Justizministerkonferenz eine Studie angefertigt und 31 Fälle untersucht. Bei allen lag eine rechtskräftige Verurteilung vor, die nach einem Wiederaufnahmeverfahren aber einen Freispruch erreichten. Die durchschnittliche Haftdauer (zu Unrecht) betrug dabei bei 3 Jahren und neun Monaten (U-Haft eingeschlossen).

Bei der Untersuchung hat sich auch gezeigt, dass das Geltend machen von weitergehenden Schadenersatzansprüchen über die 25 Euro hinaus außerordentlich schwierig und wenig aussichtsreich ist. Auch eine Unterstützung bei Arbeits- oder Wohnungssuche sei in den untersuchten Fällen nur bedingt und wenig erfolgversprechend erfolgt.

Bundesweite Zahlen für Haftentschädigungen gibt es nicht, aber in Niedersachsen wurden im Jahr 2017 beispielsweise an 54 Menschen Haftentschädigungen gezahlt. Zusammen knapp 250.000 Euro, in Baden-Württemberg waren es im Jahr 2017 auch ca. 200.000 Euro. In Hessen im Jahr 2017 rund 230.000 Euro für 74 Fälle. Eine Verdoppelung würde also kein Bundesland in den Ruin treiben, aber den Geschädigten helfen.

Zu Unrecht im Gefängnis (hier JVA Freiburg) ist für den Gefangenen häufig mit massiven wirtschaftlichen und sozialen Nachteilen verbunden. Wenn es passiert, sollte es wenigstens finanziell halbwegs anständig ausgeglichen werden.

Beispiel aus Köln:

Ein in einem Strafprozess Freigesprochener erhielt für fünf Jahre (!) Untersuchungshaft eine Haftentschädigung von 22.800 Euro. Darüberhinausgehende Ansprüche wegen Verdienstausfall und aus Amtshaftung konnten nicht durchgesetzt werden. Das Urteil vom Landgericht Köln vom 14.8.2018 wies die geforderte Summe von rund 400.000 Euro zurück und sprach 22.800 Euro zu. Das Gericht hatte im konkreten Fall sogar nur rund 13,10 Euro pro Tag Haft zugesprochen, weil der Geschädigte nur 392,94 Euro Monatseinkommen im Durchschnitt per Steuerbescheide nachweisen konnte. Eine widerrufene Immobilienschenkung interessierte das Gericht im konkreten Fall ebenso wenig wie die Möglichkeit des Angeklagten, mehr als 400 Euro im Monat zu verdienen oder gar psychische Schäden des zu Unrecht verurteilten.

Lösungsvorschlag:

Auch Richter sind nicht fehlerfrei. Als erstes sollte der Satz von 25 Euro hochgesetzt werden auf 50 Euro pro Tag Haft, - wenn die Haftzeit länger als 30 Tage beträgt. Beträgt die Haftzeit länger als 12 Monate sollte für jeden Tag 100 Euro gezahlt werden, weil dann die Wahrscheinlichkeit, dass größere Schäden im Leben des Verurteilten eingetreten sind, sehr groß ist. Das bisher erfolgte Abziehen von Verpflegungs- und Unterkunftsleistungen im Gefängnis sollte unterbleiben. Das ist zynisch.

Der Deutsche Anwaltsverein fordert sogar 100 Euro Haftentschädigung ab dem ersten Tag.

In den USA hat im Jahr 2019 der zu Unrecht verurteilte Craig Richard Coley, der fast 39 Jahre unschuldig im Gefängnis saß, eine Ausgleichzahlung von rund 19 Millionen Euro, ergo ungefähr 500.000 Euro pro Jahr erhalten. Das ist vermutlich amerikanisch übertrieben, aber wer will bestimmen, was ein ganzes Leben wert ist? In Deutschland hätte derjenige rund 355.000 Euro erhalten. Das mag sich viel anhören, aber man muss bedenken, dass in der Haftzeit keine Rentenansprüche gebildet werden, keine Altersversorgung aufgebaut werden kann und u.U. ganze Lebensjahre und Lebensjahrzehnte in kleinen abgeschlossenen Räumen verbracht wurden. Mit Menschen, mit denen man sich sonst ggf. nicht so gerne unterhalten würde.

50. Straßenbaubeiträge sind ungerecht

Wer in Deutschland ein Eigenheim hat oder auch nur eine Eigentumswohnung zahlt beim Bauen des Objekts i.d.R. Erschließungsbeiträge zum Bau der Straße und während seines Lebens jedes Jahr Grundsteuer. Danach sollte eigentlich die Gemeinde die allfälligen Wartungsarbeiten an der Straße zahlen. Einige Gemeinden bürden ihren Einwohnern allerdings hohe Straßenausbaubeiträge auf, wenn eine grundlegende Sanierung angesetzt wird. Dies kann dann gerne schon mal fünfstellig für den Einzelnen werden. Obwohl jahrelang Grundsteuern gezahlt worden sind. Die Beiträge gehen zurück auf eine Einführung in Preußen Ende des 19.Jahrhunderts und wurden nach dem Krieg wieder eingeführt. Aber nicht einheitlich in allen Bundesländern. Wer z.b. in Baden-Württemberg, Berlin, Hamburg oder Bayern wohnt, wird zumeist davon verschont. In Hessen und Thüringen können Gemeinden ihre Bürger davon verschonen. In Nordrein-Westfalen müssen die Bürger i.d.R. blechen.
Wir finden, das ist ungerecht.

Wer das Glück hat, an einer Durchgangsstraße zu wohnen, wird in der Regel von solchen Beiträgen verschont. Wer aber in einer Anliegerstraße in einem Wohngebiet wohnt, soll die Beiträge selbst zahlen, obwohl dafür dieselbe Grundsteuer gezahlt wurde.

Die Straßenbaubeträge sind häufig auch schon deshalb ungerecht, weil Gemeinden dies zum Verdienen benutzten. Der Bürger zahlt nicht nur die reinen Baukosten, sondern auch die Kosten der Beratung und Erhebung. So werden aus 250.000 Euro Baukosten gerne einmal 500.000 Euro umzulegende Kosten, da die Gemeinde sich die „Beratung und Erhebung" fürstlich entlohnen lässt.
Wie ist das in Europa geregelt? Im europäischen Ausland sind solche Gebühren weitgehend unbekannt, - mit Ausnahme von Dänemark, wo ähnliche Regelung existieren.

Bayern hat diese Beiträge vor kurzem abgeschafft, in anderen Bundesländern gibt es sie aber noch.

Es fehlt auch ein Mitsprachrecht bei der Planung. Der Bürger, der die Straße bezahlen darf, darf nicht mitbestimmen, wie der Bürgersteig gestaltet wird oder auch sonst keinen Einfluss nehmen.

Die Regelung führt überdies in einigen Gemeinden dazu, dass die Stadt die Straßen verkommen lässt. Eine ständige Instandhaltung müsste nämlich die Gemeinde übernehmen. Eine grundlegende Sanierung oder gar einen Neubau kann sie aber auf den Bürger abwälzen.

Das System ist innerhalb Deutschlands ungleich geregelt und in sich ungerecht. Die öffentliche Daseinsvorsoge gehört durch den Staat bezahlt. Sonst zahlen Anlieger demnächst auch Schwimmbäder, Autobahnen, Verlegung von Stromleitungen und Turnhallen. Die Anwohner haben i.d.R. jahrelang Grundsteuern bezahlt und bezahlen auch hohe Steuern auf Benzin und Treibstoff, aus denen man Straßenbaubeiträge finanzieren kann.

Für die Straßensanierung sollen Anlieger häufig fünfstellige Eurobeträge an die Gemeinde zahlen. Trotz jahrelanger Grundsteuerzahlung. Das ist UNGERECHT.

Lösungsvorschlag:

Ganz einfach: Das machen, was einige Bundesländer bereits gemacht haben: Die Umlagemöglichkeit auf den einzelnen Anlieger abschaffen. Wenn Anlieger an der Ersterschließung beteiligt werden, ist dies richtig. Die Instandhaltung – egal wie aufwändig – sollte vom Staat, hier Gemeinde oder Land bezahlt werden.

51. Pflegekosten in D stark divergierend

W er in Deutschland in ein Pflegeheim kommt, kommt einerseits in den Genuss dessen, dass es in Deutschland ein veritables Pflegesystem gibt, in dem die Pflegeversicherung einen großen Teil der Kosten übernimmt, muss aber auch einen Eigenanteil leisten. Auf eine Anfrage einer Partei bezifferte die Bundesregierung den durchschnittlichen Eigenanteil an den reinen Pflegekosten in Deutschland mit 581 Euro pro Person. (Stand 2017). Dazu kommen noch die Kosten für Unterkunft und Verpflegung. Die Pflegeheimkosten, die sich daraus gesamthaft ergeben, variieren von Pflegeheim zu Pflegeheim, - je nach Anbieter und Komfort.

Die Pflegekassen verhandeln mit den einzelnen Anbietern über den Eigenanteil und die Höhe der Pflegekosten in den einzelnen Bundesländern. Es kann allerdings einen signifikanten Unterschied ausmachen, in welchem Bundesland man in ein Pflegeheim kommt, wie die nachstehende Aufstellung über durchschnittliche Eigenanteile an den Pflegekosten zeigt:

Eigenanteil an Pflegekosten – Durchschnitt (2017):

- Thüringen: 225 €
- Schleswig-Holstein: 289 €
- Mecklenburg-Vorpommern: 295 €
- Sachsen-Anhalt: 303 €
- Sachsen: 312 €
- Niedersachsen: 346 €
- Bremen: 473 €
- Brandenburg: 479 €
- Hessen: 587 €
- Hamburg: 600 €
- Rheinland-Pfalz: 663 €
- Bayern: 725 €

- Nordrhein-Westfalen: 758 €
- Baden-Württemberg: 768 €
- Berlin: 856 €
- Saarland: 869 €

Während man noch verstehen kann, warum eine Pflegerin in der Münchner Innenstadt mehr verdienen muss als eine in Eberswalde, entziehen sich die krassen Unterschiede aber jedem Verständnis. Warum muss der Eigenanteil im Saarland fast 4x so hoch sein wie in Thüringen und mehr als doppelt so hoch wie in Niedersachsen?

Wir finden, das ist UNGERECHT.

Der Eigenanteil erhöht sich nach einer Gesetzesänderung nicht, wenn der Pflegegrad erhöht wird.

Oben wird nur der Eigenanteil an den reinen Pflegekosten verglichen. Der zu Pflegende muss aber natürlich weit mehr zahlen, Unterkunft und Verpflegung wollen auch bezahlt sein. Der Verband der Privaten Krankenversicherungen PKV hat den monatlichen Eigenanteil an den Pflegeheimkosten auf durchschnittlich 1.697 Euro beziffert. Aber auch hier zeigen sich dramatische Unterschiede von Bundesland zu Bundesland, die nicht nur auf teurere Mieten im jeweiligen Gebiet zurückzuführen sind:

Eigenanteil an Pflegeheimkosten (2017) durchschnittlich:

- Mecklenburg-Vorpommern: 1104 €
- Sachsen-Anhalt: 1108 €
- Sachsen: 1144 €
- Thüringen: 1242 €
- Brandenburg: 1368 €
- Niedersachsen: 1396 €
- Schleswig-Holstein: 1451 €
- Bremen: 1663 €
- Hessen: 1686 €

- Bayern: 1692 €
- Berlin: 1749 €
- Hamburg: 1849 €
- Rheinland-Pfalz: 1878 €
- Baden-Württemberg: 1893 €
- Saarland: 2071 €
- Nordrhein-Westfalen: 2163 €

Wir finden, auch das ist ungerecht. Die Abweichungen von Bundesland zu Bundesland sind exorbitant: In NRW ist der Eigenanteil fast doppelt so hoch wie in Mecklenburg-Vorpommern. In NRW zahlt man immer noch fast 500 Euro mehr als in Hessen.

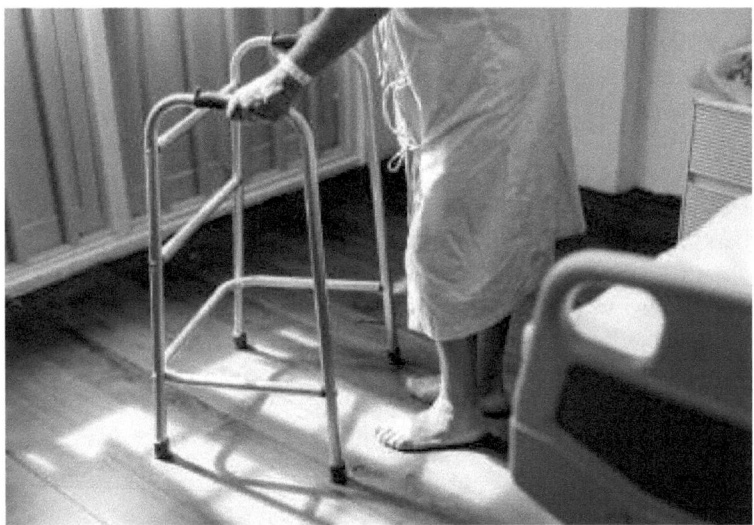

Je nachdem, wo man wohnt, können Pflegekosten und Pflegeheimkosten stark variieren. Das ist ungerecht.

Lösungsvorschlag:

Der Grund ist auch darin zu suchen, dass Pflege längst ein Geschäft geworden ist. Aktiengesellschaften verdienen mit der Pflege alter Menschen Geld. Viel Geld. Je weniger man investiert, desto mehr verdient man. Je mehr Pflegeheime ein Anbieter betreibt, desto weniger Konkurrenz hat er und kann die Preise nach oben korrigieren. Hier muss der Staat für mehr Anbieter und mehr Pflegeheimplätze sorgen. Notfalls muss er selbst über Länder und Kommunen Pflegeheimplätze errichten und kommunale Pflegeheime bauen. Bei mehr Konkurrenz sinken die Margen der Pflegeheimanbieter. Durch Mindeststandards werden die Pflegeheimanbieter gezwungen, nicht an der Leistung für den Patienten zu knausern.

Ein würdiges Leben im Alter darf keine Frage des Geldbeutels sein.

52. Ohne Protokoll zum Fehlurteil

Wer soll es kaum glauben, aber auch im Jahr 2019 gibt es in Deutschland bei schweren Kriminalfällen vor Landgerichten immer noch kein komplettes Protokoll (Wortprotokoll) der Gerichtsverhandlungen. Fast wie im Mittelalter schreiben noch die Richter in Deutschland mit, was sie für wichtig halten. Stichwortmäßig. Kein Aufzeichnungsgerät nimmt Zeugenaussagen auf, keine Kamera zeichnet das auf. Im Protokoll steht hinterher ggf. nur kurz „Der Zeuge bestreitet den Zusammenhang". Richter aus anderen Staaten können bei Teilnahme an deutschen Gerichtsverhandlungen kaum glauben, dass dem so ist. In anderen Ländern zeichnen mehrere Kameras und Mikrofone auf, was gesagt und getan wird. Ein Protokollführer erstellt darüber hinaus ein Wortprotokoll, was Arbeitsgrundlage für die Richter ist. Nicht so in Deutschland. Wenn in Deutschland ein Verteidiger bei mehrtätigen Verhandlungen sich auf eine an früheren Verhandlungstagen getätigte Aussage eines Zeugen oder Sachverständigen bezieht, kann der Richter einfach sagen „Habe ich nicht im Protokoll – kann ich mich nicht daran erinnern".

Bei langen Verhandlungen und großen Prozessen, die sich über Monate und Quartale, wenn nicht Jahre hinziehen, wird es oft schwierig, einzelne Aussagen vor Gericht zu rekonstruieren.

Zwar haben Verteidiger das Recht, in der Verhandlung zu beantragen, dass einzelne Wortbeiträge wörtlich protokolliert werden, - der Richter kann das aber ablehnen und wird dies in der Praxis spätestens im Wiederholungsfalle auch oft tun, weil sich dadurch die Verhandlung verzögert.

Das ist ungerecht und eröffnet auch den Weg zur Rechtsbeugung.

Justitia hat es manchmal schwer: Bei monatelangen Verhandlungen muss man auch krakeligen Stichworten des Richters Aussagen rekonstruieren – ein Ding der Unmöglichkeit.

Lösungsvorschlag:

Spätestens bei Landgerichtsverfahren, bei denen es um Straftaten geht, die eine Höchstfreiheitsstrafe von mehr als 1 Jahr vorsehen, sollte die Wortprotokollierung, mindestens über die Aufzeichnung durch Aufnahmegeräte zur Pflicht werden. Technisch ist das heute kein Problem mehr, würde aber die Beweissituation deutlich erleichtern. Im Zweifel für mehr Rechtssicherheit sorgen.
Richter, die nicht mehr mitschreiben müssen, können sich auch ganz ihrer eigentlichen Aufgabe widmen: Der Wahrheitsfindung.

53. Sexueller Missbrauch verjährt zu schnell

Schlimm ist es, wenn man als Kind missbraucht wird. Viele Kinder realisieren dieses Unrecht in der Kindheit gar nicht oder denken, das müsse wohl so sein. Oder werden mit Drohungen oder Abhängigkeiten zum Schweigen gebracht. Wenn diese Opfer dann später erwachsen werden und dann realisieren, was ihnen als Kind widerfahren ist und sich der Dimension klar werden und den Mut zusammenfassen, den Täter anzuzeigen, sind die Straftaten teilweise schon verjährt. Je nach Dimension des Missbrauchs verjähren die ersten Straftaten heute schon nach 5 Jahren. Wer ein 5jähriges Kind missbraucht, kann sich also bei einigen Ausgestaltungen sicher sein, dass mit dessen Volljährigkeit die Taten strafrechtlich verjähr sind. Neben der Erduldung des Missbrauchs im Kindesalter müssen die Opfer dann später noch ertragen, dass der Täter straffrei ausgeht. Selbst wenn der Missbrauch bewiesen werden kann und der Täter den Missbrauch einräumt.

Wir finden: Das ist UNGERECHT.
Die Opfer leiden oft auch jahrelang später noch an einem Trauma, sind teilweise erwerbsunfähig und suchen Therapieplätze, während die Täter ungestraft ihr Leben genießen können.

Gerade bei sexuellem Missbrauch in der Kindheit arbeitet dieses Thema oft wie eine tickende Zeitbombe in den Kindern, die erst langsam als chronisch komplexes Trauma seine zerstörerische Wirkung entfaltet und einigen Opfern später im Erwachsenendasein noch das Leben schwer bis unmöglich macht.

Die Missbrauchten haben oft erst im Erwachsenenalter die Kraft, eine Anzeige zu erstatten. Als Kind können sie das Erlebte noch gar nicht so richtig einordnen. Die Täter kommen häufig aus dem sozialen Umfeld, - die Opfer ertragen es oft schweigend.

Wenn Kinder missbraucht werden ist das schon schlimm. Wenn die Täter dann aber straffrei ausgehen, weil die Taten zu früh verjähren, wird dem Opfer noch einmal Unrecht angetan. Das ist ungerecht.

Lösungsvorschlag:

Sexueller Missbrauch darf nicht einfach so wie Einbruchdiebstahl verjähren. Bei sexuellem Missbrauch an Kindern sollte die Verjährungsfrist erst mit Erreichen des 18.Lebensjahres beginnen zu laufen. Das ist die Mindeständerung, die man vornehmen sollte.

Grundsätzlich wäre auch zu überlegen, die Verjährungsfristen bei sexuellem Missbrauch grundsätzlich zu verlängern, da die Geschädigten oft lebenslang unter der in der Kindheit erlittenen Qual leiden.

Eine unter www.Change.org/missbrauch gestartete Petition, die sich auch mit dem Thema beschäftigt, hat schnell mehrere Hunderttausend Unterstützer gefunden. Eine Petition ist allerdings nicht ausreichend. Die Gesetze müssen auch geändert werden.

54. Millionen-Boni für Milliarden-Verluste

Die Deutsche Bank machte im Jahr 2019 über 5 Milliarden Euro Verlust, dennoch erhalten Vorstände und Führungsmitglieder Millionen-Bonifikationen, sogenannte Boni. Die Vorstände, die die großen Gehälter erhalten, machen es sich zur Aufgabe, Personal abzubauen und Mitarbeiter zu entlassen, weil die Bank ja Verluste macht. Wenn Sie das Ziel erreichen, eine bestimmte Anzahl von Mitarbeitern entlassen zu haben, erhalten Sie Sonderzahlungen. Belohnungen trotz Verlust und Belohnungen für das Kündigen von Menschen. Dabei sind die Verluste der Bank gar nicht entstanden, weil es zu viele Mitarbeiter gibt, sondern weil strategische Entscheidungen von Führungspersonen falsch getroffen worden sind. Führungspersonen (das sind die, die die besonders hohen Gehälter bekommen) haben in den kritischen Situationen die falschen Entscheidungen getroffen. Haben Mauscheleien bei Kursfestsetzungen geduldet oder gefördert, haben vom Cum-/Ex-Handel und der steuerlichen Fragwürdigkeit gewusst und ihn trotzdem betrieben. Leiden müssen unter den Fehlentscheidungen vor allen Dingen die „kleinen" Mitarbeiter, nicht die Führungsriege. Medien wie „Die Welt" berichten im Januar 2019 von einem Verlust der Deutschen Bank von 5,7 Milliarden Euro und Vorstandsbonifikationen in Höhe von 13 Millionen Euro. Dafür muss eine alte Frau lange stricken. Wir finden: DAS IST UNGERECHT.

Die Deutsche Bank ist da auch kein Einzelfall, - bei anderen Banken sieht es ähnlich aus. Schaut man zu Banken in den USA, wie z.B. JP Morgan, - so machten diese Banken im vergleichbaren Zeitraum Milliardengewinne. Es liegt also nicht an der Konjunktur oder schlechtem wirtschaftlichem Umfeld, sondern schlichtweg an schlechtem Management. Warum erhält die Führungsriege für schlechtes Management noch eine Belohnung? Weil es bei der Vollbremsung (genannt Restrukturierung) so kraftvoll auf die Bremse getreten ist (viele Mitarbeiter gefeuert hat)?

Deutsche Bank in Frankfurt: Hohe Türme, hoher Verlust und hohe Boni für die Führungsriege. Für die Angestellten gibt´s Kündigungen.

Lösungsvorschlag:
Die BAFIN sollte die Bonifikationen für Bankvorstände deckeln. Für Verlustjahre der Bank muss dies härter gedeckelt werden als in Gewinnjahren. In der deutschen Bank gibt es mehrere hundert Mitarbeiter, die mehr als 1 Mio. Euro pro Jahr verdienen, während sich die Bundeskanzlerin für wenige Hunderttausend Euro im Jahr abmüht und so gut wie keinen freien Tag hat. Von einer 40- oder 50-Stunden.-Woche kann sie nur träumen. Gemäß Manager Magazin 5/2019 verdienen in der Deutschen Bank 643 Personen mehr als 1 Mio. Euro im Jahr. So manch Rentner fängt da an zu verstehen, warum die Kontoführungsgebühr für ihn so hoch ist.

55. Manch katholischer Priester darf heiraten

Man kennt es aus Deutschland: Evangelische Priester dürfen heiraten und Familie haben, katholische müssen unverheiratet sein und dürfen keine Familie haben. Aber gilt dies für alle katholischen Priester? Für alle katholischen Priester in Deutschland? Nein, gilt es nicht. Wer z.b. in Hamburg in der katholischen Kirche St.Antonius nachschaut, wird dort einen katholischen Priester vorfinden, der Frau und Kinder hat und ordnungsgemäß verheiratet ist: Pastor Pavlo Vorotnjak ist glücklich mit seiner Frau Natalia verheiratet und hat mit ihr zwei Kinder: Lukas und Melania. Und den Segen der katholischen Kirche dazu.

Wie geht das?

Er gehört der ukrainisch-griechisch-katholischen Kirche des byzantinischen Ritus an, welches eine Teilkirche der römisch-katholischen Kirche ist. Auch in dieser Kirche wird das Zölibat grundsätzlich für gutgeheißen, aber Kandidaten für Priesteramt können vor der Priesterweihe heiraten. Dies ist nicht nur eine theoretische Möglichkeit, sondern in der Ostkirche sogar die häufigste Form, dass Priester verheiratet sind. Im Erzbistum Hamburg wurde er trotz seines Verheiratet seins herzlich aufgenommen. 2014 hat er dort als Kaplan angefangen, mittlerweile ist er Pastor. Verheirateter Pastor. In seinem Pfarrhaus leben drei Priester, zwei davon zölibatär und er – und alle kommen gut miteinander aus. Auch die Gemeinde hat damit kein Problem. Er ist auch nicht allein in Deutschland. Man schätzt, dass allein aus der sogenannten Ostkirche eine zweistellige Anzahl an Priestern offiziell verheiratet in Deutschland ihren Dienst tun. Und wenn es „nur" für eine ukrainische Untergemeinde ist. Der Hamburger Priester Vorotnjak kommt aus Banja Luka (Bosnien und Herzegowina), welches der Sitz eines römisch-katholischen Bistums ist.

Verheiratet ist er seit 2013. Schon bevor er Kaplan wurde und bevor er als Pastor eingesetzt wurde.
Den meisten anderen (deutschen) Pfarrern und denen, die das werden wollen, verbietet man das.

Wir finden: DAS IST UNGERECHT.
Wenn es denn einen Gott gibt, fällt es uns schwer zu glauben, dass er von Priestern, die in Osnabrück geboren werden, verlangt, dass sie nicht heiraten, aber es denen erlaubt, die in Banja Luka das Licht der Welt erblicken.
Natürlich kann sich ein Priester mehr um seine Gemeinde kümmern, wenn er alle seine Zeit der Gemeinde widmen kann und keine Zeit dafür aufbringt, mit seinen Kindern zu spielen. Die katholische Kirche vergisst aber offensichtlich, dass Priester auch nur Menschen sind. Menschen, die Sehnsüchte und Bedürfnisse haben. Und sie vergisst, dass man sowohl seinen Partner wie auch Gott lieben kann. Das ist nichts, was sich ausschließt, sondern etwas, was sich wunderbar ergänzen kann.

Priestern in Köln ist verboten, was Priester in Hamburg dürfen. Ob Gott das weiß? Ob Gott das will?

Lösungsvorschlag:

Genau wie in der evangelischen Kirche sollte die katholische Kirche das Priesteramt auch verheirateten Menschen öffnen. Die katholische Kirche leidet bereits jetzt enorm unter Priestermangel und muss Gemeinden zusammenlegen, weil es zu wenig Priester gibt. Eine Lockerung des Zölibats wäre ein Weg, die Situation zu verbessern. Den Dickschädeln in der Kirchenorganisation sei überdies die Lektüre der Bibel empfohlen. Besonders die Stellen, an denen eine Frau zum Kreuz und zur Grabstätte von Jesus gekommen sind. Es könnte darauf hindeuten, dass auch Jesus eine Freundin hatte. Selbst wenn er keine hatte, so bedeutet dies nicht, dass jemand, der eine Gemeinde von Gläubigen (so es das denn noch gibt) betreut, keinen Partner haben darf.

Maria von Magdala war nachweislich mit seinen Jüngern im Gefolge von Jesus und auch am Kreuz, als er verstarb und weinte als eine der ersten an seiner Grabstelle. Schon in Lukas-Evangelium (8.3) steht, dass Maria Magdalena für den Unterhalt von Jesus sorgte. Warum will man Priestern eine Frau verwehren, die sich um den Unterhalt des Priesters kümmert?

In der lateinischen Teilkirche der römisch-katholischen Kirche gilt das Zölibat für Priester seit dem Jahr 1073. Was war vorher? Warum sollte man das nicht ändern können? Selbst Papst Franziskus hat das Recht der Ostkirche, dass Bischöfe auch verheiratete Männer zur Priesterweihe zulassen, im Jahr 2014 noch einmal bestätigt. Auch für westliche Gebiete. Warum soll man dies dann nicht auch für den lateinisch-orientierten Teil der römisch-katholischen Kirche machen können. Nach der Lehre der katholischen Kirche gibt es nur einen Gott. Der wird dann kaum zwei Glauben haben.

56.　Nur arme Missbrauchsopfer kriegen Geld

Grundsätzlich ist es sicherlich ein Ansatz in die richtige Richtung: In der Erzdiözese Freiburg hat man jetzt beschlossen, Missbrauchsopfern eine monatliche Zahlung einzurichten – ggf. auch zusätzlich zu einem Einmal-Schadensausgleich. Interessant ist dabei allerdings das „Kleingedruckte": Wer vom Priester mehrfach als kleines Kind vergewaltigt wurde, bekommt nur dann die monatlichen Zahlungen, wenn er selbst unter der Pfändungsfreigrenze verdient (knapp über 1000 Euro). Wer über eigenes Einkommen z.B. in Höhe von 2000 Euro monatlich verfügt, erhält die monatlichen Zahlungen nicht. Die Zahlungen von bis zu 800 Euro monatlich sind zum Ausgleich von beruflichen bzw. gesundheitlichen Langzeitfolgen. Nur, wer bedürftig ist, soll diese monatlichen Zahlungen erhalten. Die Logik versteht der Außenstehende teilweise nur schwer: Wer z.B. vergewaltigt worden ist, aber anschließend von seinen Eltern geerbt hat, für den soll die Vergewaltigung weniger schlimm sein?

Wir finden: DAS IST UNGERECHT!

Erzbischof Burger aus Freiburg (links im Bild) hat gute Laune. Opfer von Priestern aus seiner Diözese haben die meist weniger. Monatlich entschädigt werden sie nur, wenn sie bedürftig sind und unter der Pfändungsfreigrenze verdienen.

Lösungsvorschlag:

Die monatlichen Zahlungen sollten ohne Prüfung der Bedürftigkeit erfolgen. Wer sie beantragt und die sonstigen Voraussetzungen erfüllt, sollte sie erhalten. Das Leid für die Opfer ist schon groß genug. Oft sind ganze Leben verpfuscht. Wer dann noch umständlich erst finanzielle Bedürftigkeit nachweisen muss, fühlt sich nicht ernst genommen. Ist im Umkehrschluss die Vergewaltigung einer reichen Frau weniger schlimm als die einer armen?

Ende Januar 2020 haben in der Erzdiözese Freiburg, die dieses Programm erst im Januar 2020 gestartet hat, bereits zwölf Betroffene einen Antrag gestellt, - für fünf Antragsteller sind Leistungen vorgesehen, bei den anderen wird teilweise noch geprüft – auch die Bedürftigkeit müsse überprüft werden. Wer den Antrag stellt, muss mit dem Antrag nach jetzigem Stand gleich nochmal „die Hosen herunterlassen". Ein Vorgang, der vielen Antragstellern in anderem Zusammenhang bekannt sein dürfte. Im Antrag will die Kirche wissen, wieviel man verdient, wieviel Schulden man hat, wem man Unterhalt zahlt und wann die Kinder geboren sind, denen man Unterhalt zahlt. Welcher Soutanen- Träger sich das wohl ausgedacht hat…

Unklar ist laut Aussage von Verantwortlichen in einem Jobcenter, ob nicht das Jobcenter z.B. den Hartz4-Bezug von Opfern entsprechend reduziert, wenn die Kirche mit Zahlungen einsetzt. Das würde dann zum Nullsummenspiel werden.

57.   Kinderlose Kinderexperten

Es ist eine tolle und wichtige Einrichtung, so ein Jugendamt. Dort kümmert man sich um Kinder, um die sich die Eltern nicht mehr so richtig kümmern können oder wollen. Weil sie z.b. drogenabhängig sind oder psychische oder andere Probleme haben. In der Praxis tauchen dort allerdings immer wieder Probleme auf: Von „Wir haben nicht so viel Zeit" über „Wie können uns nicht um alles kümmern" bis „Das haben wir nicht gewusst". Der Fall in Lügde, wo ein Jugendamtsmitarbeiter die Unterbringung eines kleinen Mädchens bei einem alleinerziehenden Mann in einer heruntergekommenen Campingplatz-Unterkunft für gut befand, ist nur ein Beispiel.

Empörend ist aber ein Beispiel aus Freiburg im Schwarzwald, welches uns bekannt geworden ist: Einer Mutter, die ansonsten alles für ihr Kind tut, rutscht eines Tages, als das Kind besonders frech wird, die Hand aus und es gibt eine Ohrfeige für das Kind. Das Kind läuft zum Jugendamt und zeigt die Mutter an. So weit so gut. Aber was passiert dann? Eine junge Jugendamtsmitarbeiterin, bei der der 18.Geburtstag noch nicht allzu lange her ist, kommt in den Haushalt und unterhält sich mit der Mutter und besichtigt Haushalt und Kinderzimmer, stellt Fragen. Sie findet einen geordneten Haushalt mit geordneten Einkommensverhältnissen vor. Niemand trinkt, niemand nimmt Drogen. Die Kinder haben jeweils ein eigenes Zimmer. Die Tochter, die sich beschwert hat, sogar das größte Zimmer in der Wohnung, in der auch ein Klavier steht, welches sie sich unbedingt gewünscht hat. Schulische Leistungen sind gut. Nach allen Fragen der jungen Dame, fragt die Interviewerin nur eine Frage zurück: „Haben Sie eigentlich Kinder?".
„Nein" antwortet die Jugendamtsmitarbeiterin, die andere Leute beraten soll, wie man richtig Kinder erzieht und selbst kein einziges hat. Nichts eins, nicht zwei, nicht drei. Keins. Da kommt eine junge Frau, die ein paar Bücher gelesen hat, möglicherweise etwas diesbezügliches theoretisch gelernt hat, aber nie auch nur einen Tag Kinder erziehen musste und gibt Ratschläge, wie man Kinder erzieht.

Und beurteilt, ob man selbst das kann oder nicht. Im konkreten Fall wurde das Kind – nach exakt einer Ohrfeige – ohne jeden anderen Vorfall in eine dritte Pflegefamilie gesteckt und kam nie mehr zur leiblichen Mutter zurück.

Wir finden: Das ist **UNGERECHT**

Wer anderen erzählen will, wie man am besten mit Kindern umgeht, sollte selbst Erfahrung mit Kindern haben. Optimalerweise mit eigenen.

Lösungsvorschlag:

Wer Schwimmlehrer werden will, muss schwimmen können. Wer anderen Leuten erzählen soll, wie man am besten Kinder erzieht, sollte selbst praktische Erfahrungen damit haben. Kinderlose Frauen oder Männer sind dazu vermutlich eher weniger geeignet. Jugendämter sollten bei dem Auswahlverfahren für Mitarbeiter darauf achten, dass auch eigene Erfahrung mit Kindern vorhanden ist. Dann werden Tipps und Hinweise sicherlich praxisbezogener.

58. 20 Minuten beim Gutachter entscheiden über 30 Jahre

In Deutschland gibt es für alles und jedes den Rechtsweg. Man kann gegen alles und jedes klagen, Widerspruch einlegen und Vorgänge überprüfen lassen. Eigentlich ist das auch gut so, auch wenn es manchmal Stilblüten treibt. Und wenn der Richter nicht mehr weiterweiß oder kein Fachmann auf dem zu beurteilenden Gebiet ist, was ja meistens der Fall ist, beauftragt er einen externen Gutachter. Dies ist auch gut. Zumindest dann, wenn der Gutachter unabhängig und neutral ist und sich ausreichend Zeit nimmt, ein solches Gutachten zu erstellen. Ebendies ist häufig nicht der Fall. Uns liegt der Fall einer Dame vor, über deren Antrag auf Erwerbsminderungsrente entschieden werden sollte. Eine ganze Reihe von Ärzten hielten die Dame vor dem Antrag für arbeits- oder erwerbsunfähig, so z.b. der Hausarzt, ein Facharzt, der Leiter eine Reha-Einrichtung und der Arzt der Agentur für Arbeit. Die Rentenversicherung wollte aber dennoch nicht zahlen, deshalb wurde ein externer Gutachter beauftragt, ein angesehener Professor einer Universität. Dessen Gutachten als Zünglein an der Waage soll dann entscheiden, ob die Patientin ggf. bis zum Ende des Lebens Erwerbsminderungsrente erhält oder eben nicht. Und wieviel. In der Praxis schickt das Gericht diesem Arzt/Gutachter einen Begutachtungsauftrag zu, der einen Fragenkatalog enthält, für den das Gericht gerne antworten hätte. Häufig soll der Gutachter dabei auch darüber entscheiden, ob der Patient die letzten 2 oder 3 Jahre krank/erwerbsunfähig war, weil sich das Verfahren ja häufig so lange hinzieht. Im uns geschilderten Fall nahm sich der Gutachter ca. 20 Minuten Zeit, wovon 12 Minuten schon dafür verwendet wurden, dass die Patientin einen Fragebogen ausfüllte, - nur die verbleibenden 8 Minuten wurden für persönliche Fragen und ein Gespräch vorgesehen. Anschließend soll der Arzt entscheiden, ob der begutachtete Mensch ein Burnout hatte oder hat, akut oder chronisch depressiv ist und welche Art der Leistungseinschränkungen beim Patienten vorliegen. Aufgrund eines dann erstellten Gutachtens fällt der Richter ein Urteil , welches über die nächsten Jahre, oft Jahrzehnte des Patienten entscheidet: Fällt er in Hartz4, muss er trotz Behinderung und Erwerbsunfähigkeit einen Job ausüben oder erhält er tatsächlich eine Erwerbsminderungsrente wie sie vom Gesetzgeber vorgesehen ist?

Wir finden: In so einer kurzen Zeit ist eine aussagekräftige Begutachtung in den seltensten Fällen möglich.

Eine andere Patientin war wegen Depressionen beim medizinischen Dienst zur Begutachtung: Die einzige Untersuchung, die vorgenommen wurde, war das Messen des Blutdrucks (durch den Wollpullover hindurch), dann wurde ihr die Depression bestätigt.

Das ist UNGERECHT.

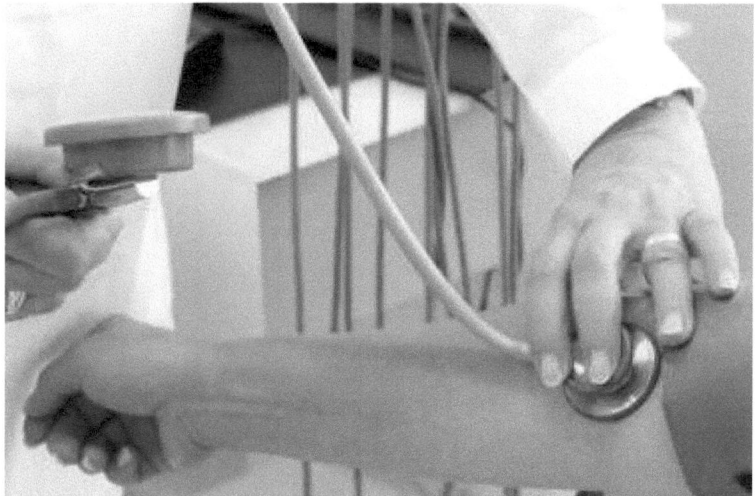

Für Untersuchungen beim Gutachter in medizinischen Fragen gibt es nur unzureichende allgemeine Mindeststandards, das ist häufig nicht genug.

Lösungsvorschlag:

Ggf. gemeinsam mit Ärzteverbänden muss zumindest für die häufigsten Fragestellungen bei Gutachten ein Begutachtungs-Katalog entwickelt werden, der ein Mindestmaß an Untersuchungen/Befragungen enthält. Es kann nicht sein, dass jeder Gutachter nach Gutdünken innerhalb von wenigen Minuten ein ausführliches Gutachten verfassen kann, welches dann über zigtausende Euros und das spätere Leben entscheidet.

59.   Aus GKV freigekauft

Was alle schon immer irgendwie gewusst haben, hat eine repräsentative Studie des Berliner Iges Instituts im Auftrag der Bertelmann-Stiftung Anfang 2020 auch empirisch bestätigt: Die Beiträge für die gesetzliche Krankenversicherung könnten deutlich sinken, wenn alle Bürger in Deutschland dort versichert werden. An Beiträgen könnten pro Jahr rund 145 Euro (Arbeitnehmer und Arbeitgeber zusammen) gespart werden. Das liegt an mehreren Gründen:

- Die bisher privat Versicherten verdienen im Schnitt 56% mehr als gesetzlich versicherte Bürger, - es sind Gutverdiener, Beamte und einkommensstarke Selbstständige.
- In der Tendenz sind Privatversicherte auch gesünder

In dem großen Topf der gesetzlich Versicherten sind rund 73 Millionen Versicherte, privat sind etwas unter 9 Millionen Bundesbürger versichert. Die, die gut verdienen, beteiligen sich nicht am Umverteilungstopf der gesetzlich Versicherten, sondern genießen als privat Versicherter auch noch Vorrechte bei der Arztbehandlung. Wir finden: Das ist gleich zweifach UNGERECHT.

Wenn bald alle verpflichtet werden, in der gesetzlichen Krankenkasse Mitglied zu werden, profitiert diese von den hohen Einkommen der Privatversicherten.

Lösungsvorschlag:

In einem Stufensystem sollte man das Freikaufen aus der gesetzlichen Versicherung durch einen Privatversicherungsvertrag gänzlich abschaffen. Jeder MUSS sich gesetzlich versichern. Allerdings kann man es weiterhin erlauben, eine Zusatzversicherung abzuschließen. Die Abschaffung der privaten Vollversicherung als Ersatz für die gesetzliche Versicherung kann nicht von heute auf morgen stattfinden, aber einen Ausstiegsplan mit einem Zielkorridor von mehreren Jahren kann man durchaus beschließen. In anderen Ländern geht das auch.

Würde man z.b. – auf Basis der Zahlen aus 2016 – alle privat Versicherten in die GKV einbeziehen, gibt es dort Beitragsmehreinnahmen von 38,6 Milliarden Euro pro Jahr, so die Studie, - die zusätzlichen Gesamtausgaben liegen aber nur bei 30 Milliarden Euro. Auch wenn man den Ärzten einen etwaigen Einnahmeausfall ausgleiche, spare man noch.

Bis dahin kann man übergangsweise die Pflichtversicherungsgrenzen in der GKV betragsmäßig immer weiter erhöhen, - überdies kann man den Wechsel von der privaten Versicherung in die gesetzliche Versicherung erleichtern, was ebenfalls einen Zustrom bedeutet.

Auch der Landärztemangel ließe sich vermutlich so ein wenig bekämpfen: Die Studie im Auftrag der Bertelsmann-Stiftung hat auch ergeben, dass in Gegenden mit vielen Gutverdienern/Privatversicherten auch viele Ärzte ihre Praxen haben. Das relativiert sich, wenn alle gesetzlich versichert werden müssen.

Die Beitragshöhe sollte sich allein nach dem Einkommen und nicht nach dem Gesundheitszustand richten. Einzig bei der dann möglichen privaten Zusatzversicherung steht es den Gesellschaften dann offen, das Risiko nach dem Gesundheitszustand zu kalkulieren.

60. Das Vermögen ist in Deutschland ungerecht verteilt

In jedem Land der Welt werden die Ärmeren sagen, dass es ungerecht ist, dass die Reichen so reich sind. Vermögensunterschiede wird es immer geben und es ist vermutlich auch gut so, dass der Fleißige mehr Geld ansparen kann als der Faule. Nur Fleiß und Faulheit sind nicht die einzigen Einflussfaktoren auf die Vermögenshöhe, sondern häufig entscheidet ja schon der Beruf und Wohnort der Eltern über das weitere Schicksal des Kindes. Akademiker-Kinder werden doppelt so häufig studieren wie Nicht-Akademiker-Kinder, aber dafür kann das Kind ja nichts. Wenn Vermögen also in Deutschland ungerecht verteilt ist, macht es Sinn darüber nachzudenken, ob man das nicht anders gestalten kann. Doch ist es ungerecht verteilt? Es ist es.

Die Schweizer Großbank Credit Suisse hat 2019 einen Global Wealth Report erarbeitet, - dort erfasste man Deutschland als viertreichstes Land der Welt:

Das durchschnittliche Pro-Kopf-Vermögen der Deutschen lag bei 217.000 – geht es nach der Studie. Das ist Platz 19 auf der weltweiten Liste der Schweizer Bank. Interessant wird aber die Betrachtung des Medians zum Vermögen der Deutschen, also der Linie, wo die Hälfte der Deutschen mehr, die andere Hälfte weniger Vermögen hat. Der Median liegt dabei in Deutschland bei nur 35.000 US-Dollar. Die Hälfte der Deutschen hat mehr, die andere weniger als 35.000 US$.

Dieser Median liegt in Ländern mit gerechterer Vermögensverteilung deutlich höher, z.B. in Großbritannien bei 97.000 Dollar, in Japan bei 110.000 Dollar und in Südkorea bei 72.000 Dollar. Die Hälfte der Deutschen hat also nur ein Vermögen von 35.000 Dollar oder weniger, während die Hälfte der Briten fast dreimal so viel hat.

In der Studie der Credit Suisse kommen die Analysten zum Schluss, dass nur ein Prozent der Deutschen 30% des Vermögens besitzen. 41% der Deutschen haben weniger als 10.000 US-Dollar.

Nicht einmal die Hälfte der Deutschen besitzt Immobilien. Wer keine Immobilien besitzt, kann auch nicht an der Wertsteigerung partizipieren, sondern leidet eher noch darunter, dass er immer mehr aus seinem Einkommen für Miete aufwänden muss.

Wir finden: DAS IST UNGERECHT

Selbst ein kleines Häuschen können sich immer weniger Deutsche leisten. Nicht einmal die Hälfte aller Deutschen besitzt in Immobilien

Lösungsvorschlag:

Der Staat muss – auch wenn dies immer wieder in die „Sozen-Ecke" verwiesen wird, eine behutsame Umverteilung vornehmen und zwar nicht, indem man den Reichen alles wegnimmt und den Armen gibt, sondern, indem man dafür sorgt, dass ärmere Menschen auch Vermögen aufbauen können. Da nützt kein größerer Sparerfreibetrag etwas, denn viele arme Menschen haben überhaupt kein freies Vermögen, um sparen zu können.

Was der Staat aber machen kann, ist z.b. die Bildung von privatem Wohneigentum zu fördern. Die Idee ist auch nicht neu. Gab es schon in Deutschland, wurde aber abgeschafft. Statt in städtischen Wohnungsbaugesellschaften fast ausschließlich Sozialwohnungen oder einfache Wohnungen zu bauen, die man vermietet, sollten auch Wohnungen zum Mietkauf angeboten werden oder zum Abbezahlen. Es muss günstige Finanzierungsformen über die KfW geben – auch ohne großes Eigenkapital. Wer Wohnungen oder Häuser zur Selbstnutzung kauft, sollte staatliche Förderungen erhalten – bis hin zur Steuerfreiheit von Einkommensteilen. Der Staat spart durch solche Förderungen später Gelder, die er den kommenden Rentnern zahlen müsste, damit diese überhaupt mieten können.

Wer Riesen-Immobilienvermögen erbt, muss stärker besteuert werden, damit andere auch die Chance haben, Eigentum zu bilden. Umgehungskonstruktionen, bei denen private Immobilien in Firmen eingebracht werden, die dann an die Nachkommen steuergünstig übertragen werden, müssen stärker besteuert werden.

61. Frauen unter den Rock greifen erlaubt

In Deutschland gibt es das Recht auf sexuelle Selbstbestimmung und Männer und Frauen haben die gleichen Rechte. Zumindest im Gesetz. Allerdings scheint man als Frau aufpassen zu müssen, an welchem Tag man durch die Öffentlichkeit läuft. Und in welcher Stadt man das tut. Der eine oder Richter macht manchmal einen fragwürdigen Gebrauch von der eigenen Dispositionsfreiheit im Rahmen der Gesetze. So wurde in ein Verfahren gegen einen Mann eingestellt, der einer Frau auf einer Rolltreppe unter den Rock gefasst haben soll und sich mit ihrem Popo beschäftigt hat. Bemerkenswert ist dabei nicht die Tatsache als solches, sondern die Begründung der Richterin „Es war am 11.11. und selbst wenn es so war, ist das so gering, dass wir das auf sich beruhen lassen können."

Eine 28-jährige Kölnerin hatte den Mann angezeigt, weil er an diesem Tag auf einer Rolltreppe an einer Haltestelle in Köln (Kalk-Post) unter ihren Rock an den Po gefasst hat. Der 42-jährige Mann konnte das nicht ausschließen, aber es wäre dann nicht absichtlich gewesen. Er hätte auch einen Zeugen, der allerdings in Serbien wohne.

Die Richterin am Amtsgericht Köln stellte das Verfahren ein, weil man als Frau offensichtlich an bestimmten Tagen im Jahr hinnehmen muss, dass jemand unter den Rock greift. Im Gesetz stehen allerdings keine Ausnahmetage. Weder Rosenmontag noch Hoppeditz Erwachen. Man darf einer Frau nicht unter den Rock fassen, wenn sie das nicht möchte. Nicht auf der Rolltreppe und nicht auf dem Marktplatz, nicht am 10.11 und nicht am 11.11. Einen Mann, der das tut, u.a. deshalb nicht zu bestrafen, weil die Tat an einem Tag erfolgt, wo ein bestimmter Bevölkerungsteil karnevalistischen Brauchtum pflegt, ist in unseren Augen UNGERECHT.

Im o.a. Verfahren hat die Richterin das Opfer noch nicht einmal befragt, sondern ließ es auf dem Gerichtsflur ohne Befragung sitzen.

Auch auf einer Rolltreppe darf man einer Frau nicht unter den Rock fassen. Auch nicht am 11.11. – in Köln hat eine Amtsrichterin dies scheinbar anders gesehen.

Lösungsvorschlag:

Grundsätzlich sind sexuelle Übergriffe ein strafbares Verhalten, für das keine straffreien Tage im Gesetz definiert sind. Auch im Karneval sind Vergewaltigungen ebenso wie das Betatschen von Geschlechtsteilen etc. gegen den Willen der betroffenen Person nicht erlaubt. §184i StGB regelt bereits eindeutig

„

§ 184i. Sexuelle Belästigung. (1) Wer eine andere Person in sexuell bestimmter Weise körperlich berührt und dadurch belästigt, wird mit Freiheitsstrafe bis zu zwei Jahren oder mit Geldstrafe bestraft, wenn nicht die Tat in anderen Vorschriften mit schwererer Strafe bedroht ist.

Ggf. muss man hier noch einen Nachsatz ergänzen: „Neben den Berührungen an primären oder sekundären Geschlechtsorganen können dies insbesondere auch Berührungen gegen den Willen des Betroffenen an anderen Stellen des Körpers sein, die geeignet sind, als sexuelle Belästigung empfunden zu werden"

62. Waffenschein für Psychopathen

Deutschland hat ein relativ strenges Waffenrecht. Wenn man über den Teich nach Amerika sieht, ist das vielleicht gar nicht so schlecht. Nichtsdestotrotz läuft hier in Deutschland Einiges schief, was das Thema Waffen und deren Genehmigung betrifft. In Teilen führt das zu Ungerechtigkeiten. Grundsätzlich wird in Deutschland unterschieden zwischen der Erlaubnis, Waffen überhaupt kaufen und besitzen zu dürfen (was Sportschützen beispielsweise benötigen) und der Genehmigung dazu, dass man diese Waffen dann auch in der Öffentlichkeit bei sich tragen darf (Sicherheitspersonal z.b.). Für beide Genehmigungen muss man eine Waffensachkundeprüfung ablegen, die sich auch mit Waffenrecht und dem richtigen Umgang mit der Waffe beschäftigt. Auch die Zuverlässigkeit wird geprüft. Wer eine lange Liste von Vorstrafen hat, wird nur schwerlich einen Waffenschein erhalten. Aber die bisherige Genehmigungspraxis führt dazu, dass z.b. ein Juwelier oder Goldhändler, der Werte im Bereich von Hunderttausenden von Euros oder auch über einer Million Euro durch die Gegend fährt, nicht regelmäßig nicht die Genehmigung zum Führen einer Waffe erhält, während ein Sportschütze relativ leicht eine Waffenbesitzkarte erhält, wenn er Mitglied in einem Schützenverein ist. Die Behörden genehmigen den Besitz der Waffe für den Sportschützen, aber regelmäßig nicht, dass er die Waffe schussbereit in der Stadt mit sich führt. Aber: Die Behörden können das gar nicht verhindern. Niemand kontrolliert das. Wer also einmal die Waffensachkundeprüfung abgelegt hat, Mitglied im Schützenverein wird und nicht vorbelastet ist, erhält eine scharfe Waffe (und auch mehrere), darf diese zwar nicht schussbereit mit sich führen, kann dies aber jederzeit tun.

Der Juwelier oder Goldhändler, der eine Waffe zum Schutz seines Ladens vor Überfällen oder für die Begleitung hochwertiger Transporte beantragt, erhält sie nicht. Uns liegt das Beispiel eines

Münzhändlers aus dem Sauerland vor, der dies beantragt hat und auch vor Gericht unterlag. Gleichzeitig muss man zur Kenntnis nehmen, dass immer wieder einzelne angebliche Sportschützen mit Waffen Amokläufe begehen. Eines der Beispiele ist Tobias R., der in Hanau 10 Menschen und anschließend sich erschoss – mit einer Waffe, die er nicht schussbereit bei sich tragen durfte. Trotz vorheriger wirrer Briefe an Behörden, die jeder drittklassige Psychologe in Sekundenschnelle sofort in die Kategorie „nicht waffenscheinfähiger Psychopath" einsortiert hätte, lässt man dem Mann seine Waffenberechtigung. Es existiert schlichtweg kein funktionierender Mechanismus, der solch psychisch auffälligen Menschen sofort den Waffenschein entzieht. Die Behörden kommunizieren nicht miteinander.

Dem psychisch intakten Goldhändler verwehrt man jedoch den Schutz seines Lebens und seiner Ware – er muss sich von Leuten überfallen lassen, die sich nicht an ein Mitführverbot für Waffen halten. Die Situation ist sogar so pervers, dass der Goldhändler aktuell einen Goldtransport durch einen bewaffneten Sicherheitstransport einer Sicherheitsfirma in Auftrag geben kann. Er darf den Transport aber nicht selbst bewaffnet fahren oder begleiten. Im Klartext heißt das: Jemand, der kurz über Mindestlohn bezahlt wird, häufig aus prekären Schichten kommt und nach einem Sicherheitslehrgang bei einer Sicherheitsfirma arbeitet, darf mit einer Smith & Wesson durch die Gegend fahren, - der Chef des Goldhandelsunternehmens, der im Zweifel die Waffe überlegter einsetzt, aber nicht.

Das ist UNGERECHT.

Amokläufer dürfen mit der Waffe nicht rumlaufen, tun es aber dennoch. Goldhändlern erlaubt man erst gar nicht den Besitz der Waffe.

Lösungsvorschlag:

Wir schlagen einen Dreipunkte-Plan vor:
1. Wer im Schützenverein schießen will, darf seine Waffe auch nur dort verwahren. In besonders gesicherten Tresoren, - die Räumlichkeiten müssen eine zertifizierte Alarmaufschaltung zur Polizei haben. Wer die Waffe nur zum Sportschießen gebrauchen will, kann sie auch nur dort verwenden. Damit entfällt die Notwendigkeit zum Transport durch öffentliches Gelände und die Möglichkeit von Amokläufen mit solchen Waffen.
2. Wer eine Waffenbesitzkarte hat, muss sich zwangsläufig alle 2 Jahre einem Psychologen zum Test stellen, dass keine Paranoia o.ä. vorliegen, die die waffenrechtliche Zulassung verbieten.
3. Wer beruflich mit besonders hohen Werten umgeht, sollte leichter Zugang zu Waffen haben (Goldhändler, Diamantenhändler etc.). Natürlich nicht jeder, der sich für

20 Euro eine Gewerbeanmeldung dafür bei der Stadt holt, sondern derjenige, der nachweislich über Jahre in dem Geschäft tätig ist, in entsprechenden Verbänden Mitglied ist und seine Eignung durch Waffensachkundeprüfung und psychologische Tests bewiesen hat.

63. Buszahlpflicht für Nicht-Nutzer

Ein gut ausgebautes Netz an öffentlichen Verkehrsmitteln ist toll. Zumindest dann, wenn man es nutzen will, nutzen kann oder nutzt. Wenn man jedoch für Bus und Bahn zahlen soll, obwohl man diese gar nicht nutzt oder gar nicht sinnvoll nutzen kann, so ist dies fragwürdig. Es sei denn, die Kosten werden auf alle Bürger solidarisch umgelegt. Bei Studenten macht man aber in vielen Universitätsstädten eine Ausnahme. Mit der Semestergebühr wird häufig ein sogenannter „Solidarbeitrag" von den Studenten eingezogen, der sie dazu berechtigt, die Busse und Bahnen ab einer Uhrzeit zu benutzen, die für Sie gar nicht mehr sinnvoll ist, z.b. ab 19 Uhr abends. Die Studenten bezahlen damit die Nutzung von Bus und Bahn, können es aber weder für die Hinfahrt zur Uni noch für die Rückfahrt von der Uni nutzen, da diese beiden Fahrten zumeist im Zeitraum zwischen 8 und 19 Uhr stattfinden. Die Studenten zahlen den Solidarbeitrag auch dann, wenn sie direkt neben der Uni in einem Studentenheim in der Innenstadt wohnen und gar keinen Bus oder eine Bahn benötigen. Der Beitrag wird ebenfalls abverlangt, wenn der Student alle Fahrten mit Fahrrad oder Auto erledigt. Die gewährte Gegenleistung für den zwangsweise bezahlten Solidarbeitrag ist von Stadt zu Stadt unterschiedlich, so gilt:

- in Tübingen darf man damit Montag bis Freitag ab 19 Uhr Bus und Bahn fahren
- in Ulm bereits ab 18 Uhr
- in München Montag bis Freitag ab 18 Uhr bis 6 Uhr am Morgen

Auch die verrechneten Kosten des zwangsweisen zu bezahlenden Solidarbeitrags sind von Stadt zu Stadt unterschiedlich. So fallen z.B. an:

- in München 67,40 € pro Semester (2019/2020)

- in Biberach 29,50 € pro Semester
- in Tübingen 28,80 € pro Semester
- in Stuttgart 46,40 € pro Semester
- in Nürnberg 76 € pro Semester (2020)

Besonders bemerkenswert ist übrigens der Fakt, dass man in einigen Städten die Studenten zwingt, den Solidarbeitrag auch dann zu zahlen, wenn diese ein Auslandssemester absolvieren, was zu der besonderen Situation führen kann, dass man eine Busfahrkarte für München bezahlt, die man in Liverpool aber überhaupt nicht nutzen kann. Und das über mehrere Monate.

Immerhin räumt man Schwerbehinderten, die ohnehin das Recht auf kostenlose Beförderung haben, das Recht ein, zu beantragen, dass sie für dieses ohnehin zustehende kostenlose Recht, nicht auch noch extra bezahlen zu müssen.

Wir finden: Bus zahlen müssen, aber nicht nutzen können:

IST UNGERECHT

Mit Straßenbahnen kann man bequem zur Uni fahren, wenn man möchte. Wer dies nicht möchte oder kann, soll sie trotzdem bezahlen.

Lösungsvorschlag:

Wer nachweist, dass er ein ganzes Semester im Ausland ist, sollte von dem Solidarbeitrag befreit werden können.

Wer ausdrücklich auf die Nutzung der Gegenleistung des Solidarbeitrags verzichtet, sollte dafür auf Antrag auch nicht bezahlen. Im Gegenzug wird dann das reguläre Semesterticket etwas teurer, aber ein solches kann man optional erwerben oder es lassen.
Damit bezahlen nur diejenigen Bus und Bahn, die diesen Service auch benutzen.

64. Fehler machen – ohne dafür zu zahlen

Wenn in einer privaten Firma ein Angestellter oder Geschäftsführer einen grob fahrlässigen oder vorsätzlichen Fehler macht, wird man ihn dafür in Regress nehmen. Zumindest wird man ihn bei dramatischen Fehlern weder befördern noch lange weiter beschäftigen. Im Gegenteil: Wer einen groben Fehler macht, der das Unternehmen an den Abgrund bringt, verliert seinen Job und muss mit Schadenersatzzahlungen rechnen. Nicht so in der Politik: Wenn Politiker wider besseren Wissens Fehler machen, die den Steuerzahler Millionen oder Milliarden kosten, passiert häufig nichts. Gar nichts. Außer gegenseitige Schuldzuweisungen. Ob das rund um den Flughafen Berlin mit seinen deutlichen Verzögerungen und Verteuerungen ist oder eines der zahlreichen anderen Projekte. Jüngstes Beispiel: Verkehrsminister Andreas Scheuer (CSU) vergibt Aufträge rund um die Maut, obwohl die gesetzlichen und politischen Rahmenbedingungen noch gar nicht klar waren und ihm dies klar gewesen sein muss. Letztendlich kann die Maut dann gar nicht so kommen wie er es beauftragt hat und das kostet den Steuerzahler mehr als 50 Millionen Euro. Ein Privatmann, der 50 Millionen Euro versemmelt, sperrt man in das Gefängnis oder entlässt ihn wenigstens. Verkehrsminister Andreas Scheuer ist sich keiner Schuld bewusst, genießt weiter die Annehmlichkeiten seines Berufs, kassiert ein monatlich fünfstelliges Salär und freut sich des Lebens. Das ist nur ein Beispiel. Es finden sich im Schwarzbuch des Steuerzahlerbunds zahlreiche Beispiele von Brücken, die in die Landschaft gesetzt werden, ohne das feststeht, dass die Straße, die dort hinführt, überhaupt gebaut wird bis hin zum Radweg durch ein Naturschutzgebiet, der gar nicht gebaut werden durfte und rückgebaut werden musste. Auf sechs- und siebenstelligen Schäden bleibt der Steuerzahler sitzen. Sitzen bleiben aber auch die Beamten oder Politiker, die die Fehler dazu gemacht haben. Und zwar auf ihrem Posten. Es führt zu keinerlei Regress oder auch nur Anpassung des Gehalts. Es passiert einfach nichts, - außer ein paar Diskussionen in der Lokalzeitung

oder einem Untersuchungsausschuss. Wir finden: Das ist UN-
GERECHT.

Wer solche Patzer verursacht, sollte dies auch am Geldbeutel
spüren oder in Regress genommen werden. Jeder selbstständige
Geschäftsführer, der in wirtschaftlich schlechten Zeiten mit seiner Firma in die Insolvenz schliddert, muss damit rechnen, vor
einem Richter zu landen und wegen Insolvenzverschleppung
haftbar gemacht zu werden. Im Zweifel zahlt er 30 Jahre lang für
seinen Fehler. Beamte und Politiker bleiben auf Ihrem Posten
sitzen oder werden bestenfalls noch wegbefördert.

Politiker und Regierungsverantwortliche nicht nur in Berlin kle-
ben gerne an ihren Sitzen – auch bei teuren Fehlern.

Lösungsvorschlag:
So wie es den Vermögensabschöpfung bei Straftätern gibt, sollte
auch über einen Schadensausgleich im Beamtenrecht nachgedacht
werden. Beamte und Politiker, die wider besseres Wissen, vor-
sätzlich oder grob fahrlässig handeln und dadurch teure Fehler
verursachen, müssen dafür haften. Entweder durch den Verlust
des Beamtenstatus oder finanzielle Einschnitte (Rückstufung um

1-2 Gehaltsstufen). Schon die Gefahr, dass dies passieren kann, wird den einen oder anderen von gröberen Schnitzern abhalten.

65. Brauchen Millionäre Kindergeld?

Wenn Jahr wird in Haushaltsberatungen im Bundestag beraten, wie man noch mehr Geld sparen kann, bzw. ärmere Leute besser unterstützen kann. Dabei hinterfragt eine Tatsache niemand: Warum bekommen eigentlich Millionäre Kindergeld? In Deutschland erhält jeder Kindergeld, der eigene Kinder hat und dafür einen Antrag stellt. Es ist weder einkommens- noch vermögensabhängig. Es ist sicher richtig, dass man Eltern, die Kinder in die Welt setzen und großziehen, finanziell unterstützt. Allein schon deshalb, weil sie damit auch dafür sorgen, dass später jemand Rentenversicherungsbeiträge einzahlt. Wer wenig Geld hat und/oder verdient, dem ist das sicher eine Hilfe, wenn er Kindergeld oder Elterngeld erhält. Wobei Kinder in der Regel deutlich mehr kosten, als man an Kindergeld erhält. Wer selbst Kinder hat, weiß dies. Aber warum in alles in der Welt, müssen Einkommens- oder Vermögensmillionäre auch noch Kindergeld vom Staat bekommen? Wir finden: Das ist ungerecht. Lieber sollte man denen, die es brauchen, mehr auszahlen.

Wer selbst genug Geld hat, braucht keines mehr vom Staat

Lösungsvorschlag:
Im Kindergeldantrag werden zwei zusätzliche Felder eingeführt, die man ankreuzen muss, um Kindergeld zu erhalten:

(a) Ich habe in keinem der letzten drei Jahre über 250.000 Euro p.a. zu versteuerndes Einkommen gehabt und werden dies voraussichtlich auch dieses Jahr nicht tun.

(b) Ich verfüge über kein Vermögen im Gesamtwert von 1 Mio. Euro oder höher

Natürlich muss man es noch ausdifferenzieren, um die nicht vom Kindergeld auszuschließen, die in einem der letzten Jahre außerordentliche Einnahmen hatten, die nicht regelmäßig fließen. So hält man aber schon zahlreiche vermögende und gutverdienende Antragsteller vom Antrag ab. Das gesparte Geld kann man den verbleibenden Beziehern auszahlen. Ab welcher Einkommenshöhe man das Kindergeld ausschließen möchte, ist eine politische Entscheidung. Das zu versteuernde Einkommen sollte dann so hoch sein, dass es nach menschlichem Ermessen nicht mehr auf das Kindergeld ankommt. Bei Paaren ist dies ab 300.000 Euro oder 400.000 Euro gemeinsames Jahreseinkommen ganz sicher der Fall, ggf. auch schon niedriger. Das Gleiche gilt für Leute, die Yachten in Saint Tropez haben, ein dickes Bankkonto in der Schweiz und Ferrari fahren. Das Kinderkriegen werden solche Menschen kaum vom Kindergeld abhängig machen.

66. Unwürdiger Urlaubsantrag beim Amt

Wenn Wort „Urlaub" existiert in Zusammenhang mit dem Begriff „Arbeitslosengeld" eigentlich gar nicht. Urlaub ist für Arbeitslose eigentlich gar nicht vorgesehen. Wer bei der Agentur für Arbeit als arbeitslos gemeldet ist und Arbeitslosengeld I. bezieht, hat allerdings Anspruch auf gelegentliche Ortsabwesenheiten. Genau 21 Tage im Jahr. Samstage und Sonntage mitgezählt. Wer also als Hamburger seine Mutter in München besuchen will, muss das vorher bei der Agentur für Arbeit beantragen. Auch wenn es nur für einen Tag ist. Das allein könnte man schon hinterfragen, weil es unmenschlich ist. Man darf nämlich nicht einfach so zur Mutti fahren, sondern muss dies vorher schriftlich oder online beantragen und muss abwarten, bis die es genehmigen, was häufig erst nach ein paar Tagen geschieht. Noch schlimmer ist aber die Regelung für den Jahresurlaub. Wer z.b. einen Partner hat, der voll berufstätig ist, möchte ja häufig mit diesem zusammen in Urlaub fahren. Der berufstätige Partner muss seinen Urlaub häufig Monate im Voraus bei seinem Arbeitgeber einreichen und genehmigen lassen. Probiert das der Arbeitslose, so geht das nicht. Die Agentur für Arbeit lässt einen Antrag auf Ortsabwesenheit (Urlaub) erst zu, wenn dieser maximal 7 Tage vor der geplanten Abreise gestellt wird. Genehmigt wird er häufig erst 1-2 Tage vor der geplanten Abreise. Oder auch nicht. Vorgesehen ist eine Genehmigung innerhalb von 3-4 Tagen. Wie stellen sich das eigentlich die Gesetzgeber vor? Dürfen Arbeitslose nur Last-Minute verreisen? Dürfen Arbeitslose nicht die besonders günstigen Flug- und Bahnpreise für Frühbucher in Anspruch nehmen? Warum zwingt man Arbeitslose dazu, erst kurz vor Urlaubsantritt verbindlich buchen zu können, was deutlich teurer ist? Warum müssen sich Menschen, die nur von Montag bis Freitag arbeiten wollen und i.d.R. auch nur von Montag bis Freitag von potentiellen Arbeitgebern zu einem Vorstellungsgespräch eingeladen werden, überhaupt genehmigen lassen, wenn sie am Samstag oder Sonntag ihre Mutter in einer entfernten Stadt besuchen wollen?

Wir finden, DAS IST UNGERECHT.

Die Agentur für Arbeit macht es sich einfach: Arbeitslose dürfen erst 7 Tage vor dem Urlaub anfragen, ob sie ihn bekommen und erhalten häufig erst 1-2 Werktage vor Urlaubsantritt dann auch Bescheid.

Lösungsvorschlag:

Arbeitnehmer, die typischerweise nur Montag bis Freitag arbeiten und auch nur eine solche Tätigkeit suchen, sollten am Wochenende machen können, was sie wollen. Ob Sie Oma Trude besuchen oder in Holland angeln gehen, sollte der Agentur für Arbeit völlig schnuppe sein.
Noch vielbedeutender ist der Jahresurlaub: Arbeitslose sollten ihn auch Wochen im Voraus beantragen können, mindestens aber 1-

2 Monate im Voraus, damit man vernünftig planen und auch Angebote nutzen kann. Ein potentieller Arbeitgeber wird auch jemanden einstellen, der eine Woche mal nicht kann. Die Agentur für Arbeit tut gerade so, als wenn Arbeitslose von ihr von heute auf morgen in Arbeitsverhältnisse vermittelt werden und deswegen ein einwöchiger Urlaub nicht möglich ist. Das ist aber tatsächlich nicht der Fall. In den letzten 20 Jahren lag die durchschnittliche Dauer der Arbeitslosigkeit in Deutschland konstant über 36 Wochen. Wer arbeitslos ist, ist dies also im Regelfall auch länger und hat daher auch einen Anspruch auf Urlaub. Diesen erst einen Tag vor dem geplanten Urlaubsantritt zu genehmigen ist zwar gelebte Praxis, aber unmenschlich. Daher sollte der Zeitraum, ab dem man die Ortsabwesenheit beantragen kann, auf 2 Monate vor dem geplanten Urlaubsantritt erweitert werden. Bei den 21 Tagen maximaler Ortsabwesenheit sollte man wenigstens die Sonntage nicht mitzählen. Der liebe Gott hat an diesem Tag auch Pause gemacht.

Epilog

Liebe GROKO-Mitglieder, liebe Politiker, liebe Verantwortlichen in Bund, Ländern, Politik und Kirche,

wir haben hier nur eine Auswahl von Zuständen und Missständen aufgeführt, über die sich die Einwohner Deutschlands immer wieder aufregen. Wir wissen, dass die Lösung vieler Probleme und Aufgabenstellungen häufig vielschichtiger ist und viele Facetten berücksichtigt werden müssen. Dennoch halten wir eine Änderung bei einem Großteil der im Buch aufgeführten Punkte für notwendig.

Es ist auch deshalb notwendig, damit die Einwohner Deutschlands nicht das Gefühl bekommen „Die da oben verstehen mich nicht mehr". Über kurz oder lang führt dies zu einer derart großen Politik- und Staatsverdrossenheit, dass von Bürgern auch irrationale Entscheidungen getroffen werden. Nicht nur bei Wahlen.

Dieses Buch soll eine Hilfestellung sein, Dinge anzugehen. Möglicherweise hat das eine oder andere sich im Zeitraum vom Schreiben des Buches bis zur ersten Auflage schon verbessert. Dann nehmen Sie sich die verbleibenden Punkte vor. Wenn Sie Verantwortung in Deutschland tragen: Arbeiten Sie das Buch ab und überprüfen Sie nach einem Jahr, was Sie umgesetzt haben und was nicht. Entscheidend ist nicht, über was Sie zwischenzeitlich diskutiert und nachgedacht haben. Sondern entscheidend ist, was sich tatsächlich getan hat.

Wir würden uns freuen, wenn wir einen klitzekleinen, bescheidenen Beitrag für ein (noch) besseres Deutschland leisten konnten.

Thomas Dörken und Roman Schneider